La Potenza della Musica

L'impatto della Musica nella vita di un Boomer

Giulio Credazzi

giulio@credazzi.com
www.libro.it

Lo trovi su:
www.Amazon.it
Stampa - Kindle - eBook

" senza musica, Il mondo, che mondo sarebbe?
La vita, senza musica, che vita sarebbe?"

II

A mia figlia

La Musica parla al cuore di chi ascolta e di chi la compone, stimola la mente facendola volteggiare con le ali della libertà.

Prefazione

Le prefazioni, diciamocelo francamente, in genere sono una palla mortale.

Vediamo, per una volta almeno, di aggiustare il tiro: io e Giulio eravamo compagnucci di giochi,

negli anni '60. Due di quella masnada di regazzini buttati sui prati tutti intorno a poche case nuove della periferia romana.

Tutti intenti nei sani giochi dei bambini: la caccia alle lucertole, con annessa un'attenta e scrupolosa vivisezione delle stesse, compiuta con meticolosa professionalità scientifica.

O nel celebre gioco "A chi mòre mejo": sorta di talent show ante litteram, dove un manipolo di concorrenti, a turno, si facevano sparare da un cecchino col fuciletto di legno, offrendo il massimo della spettacolarità nella caduta, una volta colpiti a morte. Quello tra i concorrenti che offriva la rappresentazione più teatrale vinceva.

E allora, Giulio, amico mio, ora che ti ho scoperto scrittore, prendici per mano e riportaci ancora laggiù, che oggi qui non è che ci divertiamo più così tanto.

Fine della palla mortale, buona lettura a tutti voi.

(Federico Capranica)

Introduzione

Non ti aspettare precisione o pignoleria da questo libro, questo è piuttosto una raccolta d'idee, pensieri ad alta voce.

Un racconto di sensazioni e di emozioni organizzate come la musica, in assoluta libertà, si segue un filo logico simile a uno spartito, ma anche improvvisando preziosi virtuosismi.

E' un percorso spesso comune a molti di noi, la potenza della musica è di essere ben salda sui binari delle note, che la rendono stabile come le regole matematiche e attraverso questa stabilità è capace di formulare ogni tipo di suono, di melodia e di armonia.

La musica se trova un animo disponibile, parla direttamente al cuore, capace di risvegliare sensazioni ed emozioni sopite nel tempo.

Creare musica è come scrivere, fa respirare l'anima, nessuno può metterci bocca, consente di trasmettere uno stato interiore, di stimolare i pensieri propri in fase di composizione e la creatività di chi è in ascolto, aprendo la mente.

La musica attraverso le canzoni o qualsiasi pezzo che ha accompagnato un'esperienza, può essere considerata anche pietra miliare del percorso della vita, chi se ne appassiona, attraverso la riflessione stimolata dalle note musicali, può agevolmente ricostruire le tappe rilevanti della propria esistenza.

Per quelli della mia generazione questo libro significherà fare una bella passeggiata nel tempo e magari rivivere bei momenti e sensazioni speciali, per i più giovani questo libro può essere rivelatore di un mondo sconosciuto per molti, in cui ogni canzone menzionata rivela un filone di conoscenza di bellissime canzoni, impossibili da conoscere se qualcuno non le rivela, perché pur essendo bellissime non si sono diffuse al pari dei grandi successi importanti, che tuttora sono trasmessi alla radio.

Ho scelto un carattere tipografico un po' più grande perché penso che leggere debba essere piacevole, non uno sforzo considerevole come talvolta succede a noi che abbiamo superato i cinquanta o i sessanta.

Ci si può innamorare della musica? Non dico di una canzone ma parlo in generale della musica, quell'insieme di note che penetrano direttamente fino alla bocca dello stomaco, s'impossessa di quelle aree del cervello che parlano col nostro corpo.

Penso di sì, io sono innamorato della Musica non ho preconcetti al riguardo, non deve seguire per forza dei canoni, se mi piace, se mi parla, se muove le corde dell'anima, allora va bene, l'ascolto, entra a far parte del mio patrimonio.

La Potenza della Musica

La Musica parla direttamente al cuore dell'uomo, in realtà al cervello, salta i passaggi intermedi e attiva la produzione di svariate sostanze, prima fra tutte la dopamina.

Non è il caso di fare un trattato scientifico, non ne sarei all'altezza, vorrei solo terminare questo libretto facendo un elogio e ringraziare quanti dedicano la loro vita alla Musica componendo, eseguendola, cantando, lavorando in radio, in TV, la rete Internet, la produzione di dispositivi per l'ascolto.

Per una canzone o musica che ho menzionato, ce ne saranno almeno altre cento che ho ascoltato.

La mia generazione ha potuto avere il meglio della produzione musicale mondiale, sarebbe un peccato non acquisire questa conoscenza.

Leggendo questo libro chi è "giovane dentro" e quindi ha vissuto la mia stessa epoca, potrà rivivere molte situazioni analoghe e avrà molti spunti di riflessione.

Chi è giovane sia dentro sia fuori ha un'occasione unica per esplorare un mondo ricchissimo di sound, ritmi, melodie, da una canzone sconosciuta si scopre un gruppo, da questo le altre canzoni, i dischi, le copertine, i gruppi antagonisti e quindi altra musica, come i Beatles e i Rolling Stones.

La musica della guerra del Vietnam con i Creedence Clearwater Revival, il ruolo dei Pink Floyd, degli Eagles, i loro testi, Emerson Lake e Palmer irrompono nelle nostre case rivelando il suono "Stereo", per chi non conosce questi aspetti l'angolo di osservazione di questo libro apre una visuale particolare del mondo della Musica che sappiamo essere fantastico, ricchissimo di emozioni e sensazioni.

La Potenza della Musica è notevole, le sue capacità di mettere in moto le nostre energie e voglia di fare cose sono grandi.

Spero che queste pagine diano un contributo positivo al lettore e siano rivelatrici di qualcosa di buono. Il mondo è pieno di persone che ne sanno molto più di me sulla musica e non scrivono libri.

Ho voluto impegnarmi in questo lavoro perché sono convinto di comunicare un messaggio positivo, che può essere leggero e impegnativo allo stesso tempo. Inoltre penso che sia un modo originale di condividere le proprie emozioni ed esperienze, io mi sono divertito a scriverlo, spero che a tua volta ti sia diverta leggerlo.

Musica

E come al solito il venerdì sono andato per fare la mia fisioterapia e Lavinia mi ha trovato molto rigido, questa bestia (il Parkinson) mi sta divorando, comunque mi sono messo a mio agio e abbiamo cominciato a parlare del più e del meno, finendo col parlare di musica, così ho pensato di chiederle quali erano i suoi artisti preferiti e lei mi ha risposto che amava molto la musica italiana in particolare Ligabue e a quel punto anche io ho fatto menzione di artisti che mi piacevano e mi sono reso conto che, data la giovane età, non ne conosceva neanche uno. Non aveva mai sentito parlare di "Jesus Christ Superstar" presumo non abbia conosciuto "Hair" e "Tommy " degli WHO.

A quel punto mi è venuta l'idea di fare uno spaccato della musica che ha caratterizzato i miei giorni fino ad oggi, creare uno strumento che facesse da apripista all'esplorazione musicale specialmente per i più giovani. Da quando ero piccolo, sono stato molto avvantaggiato in questo, avendo un fratello più grande di dieci anni fissato con la musica e l'alta fedeltà.

Non avevo neanche dieci anni che riconoscevo i **Creedence Clearwater Revival, i Kinks, i Led Zeppelin, chiaramente i Beatles e Rolling Stones, i Doors** e tantissimi altri artisti come **Janis Joplin**, ovviamente, c'erano anche molti artisti italiani da **Battisti a Mina** e quella era una base per esplorare il mondo della musica a tutto tondo dal jazz, al rock, al Soul, al Pop e la musica Country.

In cantina, arredata e pressoché abitabile, avevamo un giradischi e svariati dischi, in particolare ascoltavo **"Good Vibrations" dei Beach Boys e "You**

really got me" dei Kinks, "Help" dei Beatles e tante altre canzoni del tempo scelte e "fornite" da "i grandi".

La musica, se uno ci pensa, è un vero collante, un elemento che mette in comunicazione le persone.

Ciò che è stupefacente, non è tanto in sé la potenza della musica di come questa parli al cuore all'intimo dell'essere umano una lingua priva di parole che però trasmette un messaggio nuovo per ogni composizione

Ma la cosa che mi lascia più ammirato e quasi incredulo e come la musica si vada ad incastrare perfettamente nelle emozioni, scatenando quel turbinio di fenomeni difficile da descrivere ed elencare con le parole, tanto sono potenti, ma distanti dal linguaggio parlato.

Lettera di Musica

Questa lettera la scrissi in modo tradizionale, con carta e penna a una donna che ho amato, i primi tempi della nostra storia.

Il ruolo della musica è stato vitale, una valvola di sfogo, un elemento di carica o luogo della mente per adagiarsi rilassarsi, sfogarsi, rimettere insieme i pezzi.

Una canzone fra tutte mi lega a te: "Stay" di Jackson Browne, che poi è il proseguimento di "The load out".

È legata a prima che partissi militare, siamo nell'80.

Forse è questa canzone più di ogni altra cosa a contribuire a far maturare la "perla" da quel granello di sabbia del Circeo, perché l'ho inserita in una compilation che ho fatto nei primi anni '80 a Londra, partiva dagli anni '60, contenente tutte le canzoni considerate come pietre miliari musicali.

Ogni volta che si arrivava a **"Stay" (Jackson Browne)** dal profondo della mente affiorava una bella ragazza sorridente che avevo frequentato al Circeo, anche qualche volta a Roma, abitava lontano, ma mi faceva piacere andarla a trovare, sebbene la distanza, restando all'interno i Roma, fra Montesacro e l'Eur è simile a quella fra Milano e Varese.

E forse, anzi probabilmente, è grazie a "Stay" che il sottile sentimento che mi lega a te per trent'anni è rimasto in vita. Quel pensiero, quasi beffardo, che mi ha spinto a digitare il tuo nome e cognome su Google una sera di una domenica di dicembre 2013 sebbene non avessi avuto notizie in questi ultimi 3 decenni.

La musica ha il potere di sigillare, di fissare dei momenti, delle emozioni, delle persone, può far rivivere momenti importanti. Fornire gli strumenti per sopravvivere in questa vita.

30 anni, quante cose sono accadute in questi 30 anni!

Oggi sembrano solo un intermezzo, una fase transitoria fra due momenti importanti legati a te.

Come se si chiudesse un cerchio.

Rispetto alle emozioni che ho provato ritrovandoti ho pensato che tutto questo tempo sia stato un intermezzo, a volte piacevole, spesso interessante, qualche volta complicato o spiacevole.

Comunque qualcosa che ha occupato il mio tempo fino al momento di incontrarti.

Proprio questo lasso di tempo dà il senso, dà la dimensione dell'arco della vita, nella quale anche un solo giorno nel quale si sono avute le sensazioni che ho provato con te può dare senso all' intera esistenza.

La prima canzone che mi hai menzionato è stata: **"Don't be sad" (Brad Mehldau)** che mi hai detto ti ha accompagnata nei momenti tristi. L'ho subito "acquisita" come patrimonio comune.

Ancora oggi quando l'ascolto mi ricorda quelle prime ore passate al telefono insieme, con la sensazione di qualcosa di nuovo e di bello.

Don't be sad Lettera di Bea
(non essere triste)

Risposta,

Comincio dall'ultimo. Anzi da quello che ti eri quasi dimenticato perché spesso le cose vanno così l'aiuto con lo spiraglio di qualcosa di positivo arriva proprio da dove uno meno se lo aspetta. Allora musica.

La musica... La musica un di più, un extra, possiamo certamente vivere senza musica, ma sarebbe un peccato.

La musica porta energia e vita anche dove ce n'è rimasta poca, è come un'emozione che fa sentire vivi.

Negli ultimi anni ho spesso sentito la musica, musica leggera, semplice e orecchiabile, musica classica più impegnativa ma più toccante e musica jazz, difficile al primo incontro, spesso confusionaria ma con il tempo, apprezzandola, molto nostalgica, sensuale e libera.

Ma torniamo a noi... Negli ultimi anni ho sentito spesso musica per accompagnare le emozioni difficili che provavo, un pezzo è stato particolarmente presente quello di Brad Mehldau: don't be sad.

Quante volte l'ho sentita sulla più profonda tristezza, ho pianto tanto sentendo questa canzone, paradossalmente ascoltando don't be sad per sentire e provare tutta la tristezza che avevo dentro, mi ha fatto bene.

Ma la cosa interessante è che è stata anche la canzone che ho ascoltato una sera dopo averti sentito su Skype.

L'ho ascoltata e la mia immaginazione è cominciata ad attivarsi, a svegliarsi, e così il mio corpo si cominciò a svegliare da un torpore e da un letargo durato diverse stagioni.

Don't be sad, certamente quella volta non provai un briciolo di tristezza anzi c'era una tenerezza, una gentilezza che mi prendeva da dietro e mi accarezzava e mi baciava lentamente e mi trasportava in un posto nuovo.

Era la tenerezza di qualcuno che ti sussurra: "Don't be sad, don't be sad because there is something new that is growing in you" (Non essere triste, non essere triste perché c'è qualcosa di nuovo che sta crescendo in te), e mi portava un sorriso, un piacere dolce, tenero, di sentirsi vista e accarezzata da un uomo familiare che non chiedeva niente ma che mi stava vicino, dietro come per essere presente ma senza imporsi.

Una presenza nel mio background non necessaria ma come la musica incredibilmente piacevole e bella, senza la quale molte cose rimangono un po' piatte e banali ma che con la musica si animano di vita di energia e di entusiasmo.

Non c'era più motivo "To be sad".

Le note

Le note accompagnano i pensieri
La bocca è serrata
ma le emozioni corrono,
si agitano
il cuore langue
silenzioso, nella sua solitudine

Il volume è alto
impone il suo ritmo al frangente di vita
fa germogliare il testo che lentamente appare sul
foglio, quasi a sostenere il respiro dell'anima.

Non fuggi perché non hai un luogo al quale fare ritorno
Come al tempo in cui guardavi negli occhi la paura,
per sfidarla,
per farti beffe di lei,
sebbene il terrore voleva assalirti,

così oggi il corpo è saldo, silenzioso,
lo sguardo non si abbassa in segno di resa,
resta fermo
mentre il cuore afferra l'angoscia della solitudine
dove l'anima è vedova dell'amore,

La musica dona ritmo alle viscere
tiene in vita l'anima e fornisce la forza che formula la
traccia dei pensieri
che via via compare lungo le righe del foglio, che nel
suo stile classico attendeva di veder riempite le sue
guide, per raccontare in modo indelebile la profondità
dell'anima.

Anni '60

Le note di "Penny Lane" dei Beatles ricordano le mattine piovose d'inverno degli anni '60 in cui andavo alla scuola elementare con i doppi turni alla Buenos Aires, un mese di mattina e uno di pomeriggio, il giradischi dotato di "cambia-dischi" faceva cadere uno dopo l'altro i 45 giri sul piatto, con il braccio che con scatti meccanici appoggiava con precisione la puntina all'inizio del disco.

I dischi erano di mio fratello, a malincuore metteva a disposizione il suo "stereo": "attento a non toccare i solchi con le dita!" mi diceva, bisognava riporre il disco nella bustina di carta, alcune con il buco al centro per renderne leggibile il titolo. **"White rabbit" dei Jefferson Airplane, "Lodi", "Green River" dei CCR** ancora sono vive le immagini televisive dei combattimenti del Vietnam, in bianco e nero, sentivo parlare di "paralleli", zona smilitarizzata, vietcong, tutti termini apparentemente senza senso, solo un senso d'incertezza e preoccupazione da parte dei "grandi", che si rifletteva su noi piccoli nella paura della guerra.

Anche perché la seconda guerra mondiale era finita da una ventina d'anni, è come se oggi pensassimo all'attacco alle torri gemelle, sembra ieri.

I coetanei di mio fratello si facevano crescere i capelli come le femmine, ballavano nudi nel fango, mentre altri con la faccia stralunata avevano camicie e pantaloni pieni di fiori, con al collo grossi medaglioni e ce l'avevano sempre contro gli Americani.

"Mangia tutto!" mi diceva mia madre, "che i bambini del Vietnam dell'età tua non hanno niente da mangiare", forse voleva che mi alimentassi anche per loro. **"Here Comes The Sun" e "Octopus's garden" dei Beatles** raccontano il tempo che scorre lento, le vacanze lunghe anche tre mesi al mare, alla Baia Domizia, il mare trasparente, si giocava sulla spiaggia, non c'era inquinamento, non c'era il pericolo di siringhe infette, ne si parlava d'inquinamento atmosferico o del mare, l'unico monito era verso il ritrovamento di residuati bellici, visto che quelle coste furono teatro della battaglia per Montecassino.

I bambini giocavano liberamente con le biciclette, la sera il campeggio si riuniva nella sala della televisione per fare il tifo per l'Italia a "Giochi senza Frontiere".

Ma la paura irruppe nei genitori quando il telegiornale divulgò la notizia che Ermanno Lavorini, un bambino di Viareggio era stato rapito. Le raccomandazioni si susseguirono in modo ripetitivo, martellante e angosciante, tanto più che chi non era ricco non doveva temere rapimenti a scopo di estorsione.

"Se Telefonando" di Mina riporta alla mia mente le figurine Panini dell'album dei calciatori, le domeniche tranquille di "Montesacro alto", quando al mattino nel silenzio delle strade poco trafficate le radio trasmettevano ad alto volume "Gran Varietà", poi c'era "Orazio Pennacchioni" che cantava: "so' contento, so' tifoso della Roma e me ne vanto". La corrida del presentatore "Corrado" faceva da sottofondo alle faccende domestiche delle famiglie italiane.

Grazie alla musica i pensieri si accumulano e si scontrano nella mente, non rispettano l'ordine cronologico né la sequenza temporale.

"Sono come tu mi vuoi" di Mina, la Domenica con tutta la famiglia, andavamo al mare a Castel Fusano o Ostia, ai cancelli, con la Giulietta nera, il cesto di vimini era tanto grande che potevo starci dentro, sul lato s'incastravano le asole del coperchio su degli anelli, sempre di vimini, quindi s'inseriva un'asticella di legno per chiudere, due maniglie, una da un lato e l'altra dal lato opposto ne permettevano il trasporto agevole, se in due.

All'interno c'era ogni ben di Dio, avvolto in tovaglioli grandi, poi c'era la tovaglia di stoffa, i piatti veri in ceramica, i bicchieri di vetro e le posate d'acciaio, il vino era nel fiasco, una bottiglia di etro bombata, che era avvolta alla base con un intreccio di paglia per tenerla in equilibrio.

Il tavolino di legno pieghevole, fatto con asticelle parallele, aveva al centro un buco per inserire l'ombrellone di stoffa.

All'ora di pranzo tutti apparecchiavano sul terrazzino antistante alla cabina, una famiglia di fianco all'altra, una marea di bambini chiassosi animava l'ambiente saturo di odori di sughi per la pasta e delle carni.

Le famiglie erano numerose, fumare le sigarette era molto diffuso e non si teneva conto del "fumo passivo".

Mia Madre

Mia madre era nata nel 1927 era una bellissima donna ma riguardo alla musica "moderna" non era proprio l'elasticità fatta persona.

Un giorno ripetendo le parole di una canzone di Battisti: *"Ma che disperazione nasce da una distrazione, era un gioco non era un fuoco. Non piangere salame dai capelli verde rame è solo un gioco e non un fuoco."*

Poi mi ripeté le parole del ritornello e disse ad alta voce: "ma che cavolo di parole dice questo? Ma che canzone è questa?" A lei piaceva molto la Musica Classica, è stata lei a indicarmi la Musica di Beethoven, Mozart, Bach, Strauss, il Bolero di Ravel, in particolare mi ha fatto andare in fissa con Tschaikowsky, comprai tutti i dischi e tutte le sinfonie. A Londra andai a numerosi concerti perché era molto facile prenotare.

Compilation

Mio padre tornava a pranzo a casa , si mangiava tutti insieme, noi piccolissimi potevamo parlare molto poco a tavola, le posate andavano impugnate come si deve, poi papà faceva un riposino e tornava al lavoro, erano gli anni '60 e ascoltavo dalla discografia di mio fratello **"California dreaming" dei Mamas and Papas**, anche la canzone **"The House of the rising sun" degli Animals e "Good Vibration" dei Beach Boys**.

Gli amici di mio fratello che vivevano all'estero erano venuti in Italia a studiare e si erano portati un sacco di 33 giri avevo scoperto così **"Heard it through the grapevine" dei CCR** (Creedence Clearwater Revival).

Gli impianti stereofonici allora stavano passando dalle valvole ai transistor, si cominciava a sentire la musica ad alto volume, eravamo immersi in notiziari che raccontavano costantemente la situazione della guerra del Vietnam, noi minuscoli esserini eravamo abituati a sentir parlare del 17° parallelo, di Saigon. La guerra nel Vietnam è stata una componente che ha accompagnato la vita nel mondo anche ben oltre la sua fine nel 1975, ha influenzato la politica mondiale, la musica, l'editoria e la cinematografia fino agli anni '80.

Vale la pena di approfondire la storia di questa guerra con del testo estratto da Wikipedia:

la guerra nel Vietnam

1954 – I francesi sono sconfitti a Dien Bien Phu, dopo che gli Stati Uniti si rifiutano di fornire supporto aereo.

1955 – In gennaio gli Stati Uniti iniziano ad aiutare il governo di Saigon occupandosi dell'addestramento dell'esercito sudvietnamita.

In luglio, a Mosca, Ho Chi Minh accetta l'aiuto sovietico dopo aver negoziato a Pechino l'assistenza cinese.

1956 – Nessun'elezione si svolge in Vietnam del Nord e Vietnam del Sud. Diem mette fuori legge l'opposizione e le elezioni dei capi villaggio.

1957 – L'Unione Sovietica propone che sia il Nord che il Sud Vietnam siano ammessi come stati separati all'ONU.

1960 – L'opposizione politica nel Vietnam del Sud diventa sotterranea. Accadono sporadici atti di terrorismo.

1961 – John F. Kennedy invia numerosi consiglieri americani nel Vietnam del Sud.

1962 – Il numero di consiglieri statunitensi sale a 9865. I piloti dell'aeronautica statunitense bombardano clandestinamente il Vietnam del Sud, in un tentativo di destabilizzare il governo di Diem.

1963 – 15.500 americani in Vietnam. Diem perde la presa sui rivoluzionari buddisti. Kennedy concorda con i generali sudvietnamiti per la rimozione di Diem. Con la CIA che comunica l'approvazione di Kennedy, Diem viene assassinato.

1964 – La situazione nel Vietnam del Sud si deteriora rapidamente.

1965 – In febbraio, gli USA iniziano a bombardare con insistenza il Vietnam del Nord, 125.000 soldati americani sono in Vietnam. In dicembre.

1966 – Il numero di soldati statunitensi in Vietnam arriva a 385.000. In settembre.

1967 – 500.000 soldati americani in Vietnam.

1968 – Offensiva del Têt. L'ambasciata statunitense viene occupata per breve tempo. In ottobre, Johnson ferma tutti i bombardamenti a nord del 17º parallelo. Iniziano i colloqui a quattro.

1969 – gennaio: Richard Nixon entra in carica come nuovo presidente degli Stati Uniti, 541.000 soldati in Vietnam; Dal 10 maggio prese il via l'Operazione Apache Snow, svoltasi nella Valle di A Shau, al confine col nord del paese e con il Laos, in cui si è protratto uno scontro tra le truppe aviotrasportate statunitensi e l'esercito regolare del Vietnam del Nord, arrivando il giorno stesso anche alle pendici di una collina nella suddetta valle, alla quota 937 (detta "Collina 937" e successivamente nominata dai reduci americani li presenti "Hamburger Hill", per la presenza lungo tutta la collina di corpi spappolati) sulla quale combatterono, e che conquistarono il 20 maggio dopo una lunga serie di sanguinosi assalti.

1971 – A febbraio, rimangono in Vietnam circa 325.000 soldati americani. Il Vietnam del Sud invade il Laos con l'appoggio degli Usa. Fino a questo punto, circa 45.000 soldati americani sono morti in Vietnam.

1972 – In ottobre, Nixon e Henry Kissinger annunciano che "la pace è a portata di mano", con un accordo per finire la guerra.

1973 – Termina il coinvolgimento statunitense in Vietnam. Kissinger vince il Premio Nobel per la pace.

I soldati statunitensi uccisi in Vietnam sono oltre 58.000; più di 153.000 feriti. Le ultime cifre fissano le perdite Vietnamite da almeno mezzo milione fino a 4 milioni. La guerra è costata quasi 150 miliardi di dollari.
1975 – Il 30 aprile, Saigon cade nelle mani dell'FLN e dei Nordvietnamiti e diviene Città di Ho Chi Minh.

La battaglia di Dien Bien Phu
(testo estratto dal libro Da Quota 33 a El Alamein)

La battaglia di Dien Bien Phu è un simbolo dell'onore e dell'abnegazione dei Paracadutisti, in cui sono stati coinvolti i Parà Francesi in Indocina contro i Vietcong, durò cinquantasei giorni senza rifornimenti, completamente circondati dalle forze del comandante Giap che invece era continuamente rifornito e rinforzato, il rapporto di forze fu di uno contro dieci, il sette Maggio 1954 ci fu la capitolazione attraverso un ultimo messaggio ricevuto l'otto Maggio alle 1.50.

Su 10.813 uomini dei quali il 40% paracadutisti, 3.000 dei quali lanciati di notte. Ci furono 1.293 morti, 1.693 dispersi e 5.234 feriti. Un massacro che ha segnato la storia dei Paracadutisti nel mondo e che ha ispirato questo racconto, che cerca di ricostruire i possibili sentimenti provati da uno dei tanti giovani francesi coinvolti in quella missione senza speranza.

....

Fuori piove a dirotto da ormai due giorni, la tenda è impregnata e fa passare qualche goccia che non riesce a scorrere nonostante la tensione delle corde sia massima e la rendano un poligono di lati perfettamente tesi e lisci.

Il fango è dappertutto, l'erba del campo è ormai un ricordo, non c'è via d'uscita, le colline tutto intorno sono in mano ai "Rouges", sono giorni che non riceviamo rifornimenti, o meglio, sono sganciati sopra i nostri nemici, l'equipaggiamento ed il munizionamento ormai è quello che è, non credo che molti di noi torneranno a casa, la vegetazione tutt'intorno sembra assediarci più del nemico, forse è il caso di riflettere su questi ultimi attimi di vita che il Creatore ci concede, ormai abbiamo visto troppi camerati morire, per credere di poter riuscire nell'impresa di sopravvivere.

Domani attaccheremo per creare una testa di ponte che ci permetta di defluire, ma il rapporto di forza col nemico è troppo grande, è una soluzione che è tale perché non esiste una vera alternativa, se non è un suicidio, poco ci manca, ma è sempre meglio che morire in una prigione in cui sei messo in una gabbia immersa nell'acqua, dove ti è permesso di stare solo in piedi con la testa di fuori per respirare, pieno di zanzare, topi che ti camminano sulle mani che si aggrappano alle canne che chiudono la parte superiore della gabbia.

La vita oggi ha un sapore amaro, le speranze, l'entusiasmo di fare qualcosa di bello, d'interessante su questa terra, annegano nella realtà come i piedi scalzi che scendono dalla branda sono ricoperti dal fango tiepido che ha invaso la tenda.

Ripenso alla mia "Perla", che non potrò mai più rivedere, oggi mi accontenterei di poter vivere un solo giorno in più con lei, un solo giorno di gioia che basterebbe per la vita, lasciare che la mia mente sia rapita dalla sua, basterebbe il contatto della mano, un semplice tocco che rinsalderebbe il legame della corda a tre capi, un abbraccio forte e prolungato, senza bisogno di parlare, perché in fondo c'è qualcosa di grande, di enorme per entrambi, che non può esprimersi attraverso le parole, ma è costituito da una forza che non credevo di avere, né pensavo esistesse, che avvolge ogni pensiero, coinvolge lo stomaco e i polmoni, un sentimento prepotente, apparentemente devastante ma che alloggia nel petto e che adesso non può esprimersi, perché tutto intorno c'è un campo minato e la Perla è oltre il muro invalicabile che il nemico ha fatto, ed io non sono in grado di abbatterlo.

Nel mondo ci sono tante coppie che liberamente potrebbero amarsi, avere la gioia di dormire abbracciate, svegliarsi avendo la gioia di essere uno vicino all'altra, potersi guardare negli occhi liberamente nella consapevolezza che chi è di fronte è una persona speciale, unica, che ti conosce e ti ama, l'unica fra i sette miliardi che popolano la terra, ma tu hai lasciato che l'essenza del tuo rapporto sia annegato nella banalità, nella routine, nelle faccende domestiche, nei problemi di soldi, allo stesso modo di come il fango della tenda ha raggiunto la caviglia.

Ma oggi con tutta probabilità è l'ultimo giorno di vita, la sorte toccata agli altri che hanno tentato la stessa missione è stata che non sono tornati né sono mai arrivati a destinazione.

Non voglio morire, non senza aver riabbracciato la mia Perla, tenendola stretta a lungo fra le mie braccia tatuate, non senza averle detto che l'amo, che averla conosciuta ha dato un senso alla mia vita su questa terra, mi ha fatto conoscere il vero sentimento, che scaturisce dal sentirsi amati sul serio, con semplicità, con naturalezza, quasi involontariamente, come se fosse qualcosa di non suo, ma che viene dall'alto.

Sapere di essere speciale per il suo cuore mi rattrista ancora di più nel doverla lasciare su questa terra di lupi, chi la proteggerà? Chi non la farà sentire più sola? Ma lei non sarà mai più sola, perché ha stabilito un rapporto speciale, incancellabile, indelebile, vero, una di quelle cose che si verificano raramente sulla terra, che può sopravvivere alla morte ed agli eventi della vita.

Uno di quei rapporti che dimostrano l'esistenza di Dio, che però non so per quale motivo mi ha abbandonato in una pozza di fango circondata da mine e da nemici, non voglio questionare con lui, la disputa sarebbe impari, forse è solo così che avrei saputo conoscere fino in fondo la sua grandezza, per comprendere che "l'essenziale è invisibile agli occhi".

Devo organizzare la condotta evasiva della mia compagnia, dobbiamo inoltrarci a piedi attraverso il campo minato, nelle linee nemiche, per poter rompere l'assedio e raggiungere i rinforzi dopo ore di cammino nel terrore di saltare su una mina o di un'imboscata.

L'obiettivo potrebbe essere vicino, ma le insidie non sono scampate, dobbiamo procedere con molta cautela, facendo attenzione ai particolari e alle trappole, il territorio è in mano al nemico sebbene la salvezza sia prossima.

Sento come una piccola scheggia nella carne, mi guardo intorno, ma non vedo nulla di anomalo, soltanto le gambe non reggono più ed il mio corpo non risponde più ai comandi del cervello, la vista si oscura e come un sacco di frumento scaricato da una nave tocca terra, così il mio corpo s'accascia al suolo.

La mia Perla è in piedi davanti al corpo steso, più di una lacrima le riga il bel viso, sente dentro di lei una mano d'acciaio che le gira lo stomaco, da bambina non avrebbe mai pensato di dover vivere un momento così drammatico, ed intenso, non avrebbe mai pensato che i suoi sentimenti potessero sperimentare delle sensazioni simili, la vita l'aveva portata a soffocare e controllare il suo cuore, la paura di esprimersi e darsi completamente aveva prevalso fino al momento in cui aveva visto sbocciare un vero fiore che involontariamente aveva portato sempre con se, anche durante tanti errori, forse troppi, tanta solitudine, una solitudine che aveva scavato un solco profondo nel cuore, che impediva all'amore di esprimersi liberamente.

Ma poi un giorno quel fiore che portava con se, improvvisamente sbocciò travolgendola, facendola piangere di gioia, magari di nascosto, ma felice di aver trovato e riscoperto una vera speranza, avendo la certezza dell'esistenza di un sentimento vero, autentico, indistruttibile, rinsaldato da un legame fatto da una corda a tre capi, i cui nodi non possono essere sciolti dagli uomini.

Il suo amato ha gli occhi chiusi, giace immobile davanti a lei, sarà valsa la pena amarlo? Si domanda. Sicuramente, afferma il suo cuore, ci sono persone che non hanno mai saputo e non sapranno mai cosa significhi quel sentimento che travolge tutti i sensi del corpo e della mente, un sentimento che per chi non l'ha mai provato, anche durasse un solo minuto, varrebbe una vita rispetto al niente.

Gli occhi forse si apriranno, forse no, l'importante è essersi amati con un sentimento vero. La corda non si spezzerà mai.

Se c'è un gruppo che con la sua musica ha caratterizzato il periodo della guerra nel Vietnam è quello dei **CCR**, Canzoni come **"Suzie Q"**, **"Fortunate Son"**, **"Run through the jungle"**, **"Good Golly Miss Molly"**, **"Green River"**, **"It came out of the sky"**, **"Travelin'Band"**, **"who'll stop the rain"**, tutte canzoni

- 24 -

che hanno fatto la Storia di quel periodo, fino a metà degli anni '70.

Cesano Scuola di Fanteria per Ufficiali EI

Sulla Luna

"Tutta mia la città" dell' Equipe 84, 1969, avevo 10 anni compiuti da poco, mi trovavo in vacanza a Riva dei Tarquini, a nord di Roma, in campeggio con la nostra roulotte, con i miei genitori e gli atri due fratelli, l'anno prossimo mi avrebbe atteso la prima media, i miei genitori fecero amicizia con una coppia di Milano, con due figli, con uno dei quali, mio coetaneo feci amicizia, lui era un industriale della gomma, m'invitarono a trascorrere qualche giorno nella loro casa sul Lago di Garda.

Prima uno stop a Milano, una casa enorme, una villetta in piena città, il figlio mio coetaneo aveva una quantità di giocattoli da far invidia ad Hamleys a Londra, aveva perfino una Formula uno a pedali stupenda, di metallo, con le ruote grosse gonfiabili.

Il caldo che sentii allora, non l'ho mai più sentito in vita mia, per fortuna ci fermammo solo una notte, il giorno dopo arrivammo alla villa sul lago, c'era anche un bellissimo motoscafo, l'unica nota stonata fu data dal fatto che i complimenti continui che la moglie dell'industriale mi facesse, corrispondevano in egual misura alle cattiverie che il figlio coetaneo rovesciava su me.

Ogni occasione era buona per farmi sentire povero , con discorsi del tipo: "mia madre ha avuto pietà di te, gli facevi pena, ecco perché ha voluto che venissi con noi". Il problema nacque quando con assoluta semplicità, dopo due giorni di turbamento e di comportamento taciturno, ripetei le cose spiacevoli che mi erano state dette, sia al padre che alla madre del mio, ormai, ex amichetto.

Poverino, gli diedero una quantità spropositata di sculacciate, più la punizione, probabilmente non ripetè mai più quell'errore.

In quei giorni ci fu un evento spettacolare, eccezionale, stupendo per tutta l'umanità, l'uomo mise per la prima volta piede sulla luna. Tutta l'Italia si fermò fino a notte fonda, ogni televisore, rigorosamente in bianco e nero, era acceso con tutti i membri della famiglia seduti a contemplare i grandi occhi all'interno dei grandi occhiali di Tito Stagno, ad ascoltare la descrizione di un evento che ha segnato un traguardo impensabile per l'uomo.

Si respirava un'aria di capacità per chiunque di realizzare qualsiasi cosa.

La Comitiva

"Crocodile Rock" di Elton John, le sue note portano la mente al 1973, la comitiva di Roma a Montesacro in Via Dino Frescobaldi, per tutti semplicemente "Via Dino", a quei tempi c'erano pochissime costruzioni, le partite di pallone si svolgevano ad oltranza, fino a che non fosse buio sui campi della Bufalotta. Non c'era che l'imbarazzo della scelta, avevamo campi di ogni genere, da cinque contro cinque a quindici contro quindici.

Passavamo pomeriggi interi a casa di Corrado ad ascoltare musica, era il tempo delle prime "cotte" ed i primi innamoramenti, ma anche le prime e fortunatamente uniche esperienze con le sedute spiritiche.

Il bicchierino correva veloce sul grande foglio con le lettere colorate dell'alfabeto scritte a mano, le dita di ognuno sfiorano il bicchiere che compone parole in una sequenza molto veloce, non è possibile che qualcuno lo spinga poiché a malapena si riesce a tenergli dietro. Tutti sono appassionati al "nuovo gioco", il prossimo passo sarà la seduta spiritica con uno che farà da "medium". Gli obiettivi "fantastici" raggiunti, arrivavano ad aver parlato con Mussolini, chi addirittura di persona con Satana.

In un paio di occasioni ero stato assente, poiché agli altri aveva preso fitta a fare le "riunioni", mentre io sentivo disagio e timore e una certa avversione che scaturiva da dentro lo stomaco per questa pratica.

Un giorno successe qualcosa, non ho capito mai completamente cosa, in ogni caso di colpo tutti furono presi dal panico, nessuno era più tranquillo, nessuno dormiva più bene, gli schemi con le lettere spontaneamente furono distrutti e l'attività "spirituale" dedicata alla comunicazione con i defunti abbandonata definitivamente.

In quei giorni la leucemia stava portando via mio padre, io tredicenne e mia sorella di dieci anni e a noi era stato tenuto nascosto il fatto che papà stesse morendo, era evidente però che la situazione era grave, gli facevano trasfusioni su trasfusioni, "è una forte anemia" dicevano, così andai a vedere sull'enciclopedia cosa c'era scritto riguardo ad anemia e leucemia, e quest'ultima coincideva con i sintomi che vedevo su mio padre.

Avevo sentito che un'influenza o un raffreddore potevano essergli fatali, così mi tenevo lontano, lo baciavo poco.

Passavo davanti alla porta della sua stanza all'ultimo piano, illuminata dal sole pomeridiano di Roma, mi fermavo sulla soglia per non "contagiarlo". Un pensiero sciocco, rivelava un'ingenua volontà di prolungargli l'esistenza, quasi che dipendesse da me, rasentavo la superstizione, un senso d'impotenza e di incomprensione della realtà mi avvolgeva, come se il mondo fosse ovattato, come se gli eventi inesorabilmente mi stessero stritolando.

Non era possibile che mio padre potesse morire a 47 anni, di solito si muore a 80 o 90 anni. La vita stava barando, non rispettava le regole. A 14 anni papà aveva promesso che mi avrebbe insegnato il Bridge di cui lui era un maestro, quasi un mito, forse lo dicevano per compiacenza, o per farmi piacere, comunque quando parlavano di papà in senso "bridgistico" lo equiparavano al Belladonna della partita libera, gli zii raccontavano che quando erano giovanissimi, con le vincite a Bridge finanziava le loro piccole spese.

La mia comitiva era costituita prevalentemente da ragazzi nati attorno al 1960, un gruppo che oscillava fra i venti e i cinquanta giovani secondo i momenti, abitavamo la zona di Montesacro. Questa era costituita da palazzi costruiti per lo più negli anni '60 e primi anni '70, abitati da giovani coppie con bambini della stessa età.

Quando questi iniziarono ad andare al liceo, cominciarono a schierarsi politicamente e questo determinò la rottura di amicizie che si reputavano solide, fino a quel momento.

E' stato sorprendente la velocità con la quale l'odio prese il sopravvento fra alcuni elementi del gruppo, un odio che divenne contagioso, sommergendo ogni attività sportiva o creativa, soffocando la musica le abitudini, annientando ogni forma di amicizia precedente.

Oggi reputo che l'odio e il rancore politico sono riconducibili alla mancanza della conoscenza di Dio. L'uomo sostituisce Dio con il partito, con il movimento politico o sindacale, questo è un inganno che produce molta sofferenza, sia per se che per gli altri. Lo stesso anche avviene per il fanatismo calcistico, nazionalistico e ovviamente religioso. Il legalismo e il bigottismo sono forse altrettanto dannosi dell'ateismo

Chi ha conosciuto veramente Dio non può cadere in un simile inganno, perché la sua vita è inserita in un contesto eterno, tutto ciò che è strettamente legato al tempo attuale ha un valore relativo. Quello che ha una valenza eterna vale molto di più, considerare cosa abbiamo oggi che varrà anche "dopo" è la chiave per la comprensione dei veri valori della vita.

♫ "Time"
Pink Floyd
1973

And then one day you find ten years have got behind you, no one told you when to run, you missed the starting gun.
And you run and you run to catch up with the sun but it's sinking, racing around to come up behind you again
The sun is the same in a relative way, but you're older, Shorter of breath and one day closer to death.
Every year is getting shorter, never seem to find the time.

E poi ti accorgi che 10 anni sono passati. Nessuno ti ha detto quando cominciare a correre, hai perso lo sparo della partenza. E corri e corri per raggiungere il sole, ma questo affonda, e corre intorno per sbucarti ancora dietro.
Il sole relativamente parlando è sempre lo stesso, ma tu sei più vecchio. Con meno fiato ed un giorno più vicino alla morte.
Ogni anno diventa più corto, sembra di non trovare mai il tempo.

Il sogno

Ho fatto un sogno nel Dicembre 2022 ed era una formula matematica:

$$Time=(b-a)*x$$

Time era il tempo della vita, non soltanto la durata in se, ma conteneva una valutazione di questa vita.
Il risultato ovviamente variava in funzione dell'incognita x.
B era uguale alla data di morte,
A era invece la data di nascita.
La differenza fra b e a dava gli anni di vita.
L'incognita aveva tre valori:
0 zero
1 uno

∞ Infinito

Zero equivale a condurre una vita in funzione di ciò che è materiale, denaro, benessere, soddisfazione dei propri desideri. Tutto ciò ha la caratteristica di non saziare mai.

Uno equivale a condurre una vita da "persona per bene" che fa le cose a modo, facendo anche beneficenza e impegno sociale, ma senza riconoscere a Cristo alcun ruolo nella propria vita, quindi ciò che uno fa ed è, corrisponde esattamente a ciò che ottiene.

∞ equivale a contestualizzare in chiave eterna i propri atti, le proprie scelte, tenendo ben presente nella propria vita il ruolo di Cristo, impegnandosi a sfruttare le occasioni per lo sviluppo della strategia divina.

Il percorso delle note

Faceva uno strano effetto la copertina del disco con questo viso dipinto e le canzoni come **"Changes" e "Life on Mars" di David Bowie**, musica diversa dalla solita, ti faceva venire la pelle d'oca. Una delle caratteristiche della mia grande comitiva di Talenti a Montesacro, zona di Roma Nord, siamo negli anni'70, è l'amore per la musica, tutti reputano il tempo ben speso quello usato per condividere l'ascolto dei dischi, non è raro in quei giorni riunirsi a casa di qualcuno solo per ascoltare uno o più 33giri.

I cd ancora non esistono, ma avevamo solo vinili a 33 e 45 giri, i nostri negozi di riferimento di quei giorni sono sostanzialmente quattro: Ricordi di Piazza Indipendenza, Goody Music in Via Flaminia, il Discofilo e Blu Rosso Giallo a Talenti.

In quel periodo comprare un disco nuovo dava una soddisfazione enorme, come pure farlo ascoltare agli amici, meglio se fosse stato bello e sconosciuto, in questo avevo il primato poiché mio fratello era una vera e propria miniera di indicazioni e fornitore di novità discografiche, comunque in quel periodo ascoltavamo **"Harvest" di Neil Young, "La canzone del sole" di Battisti e "Crocodile Rock" di Elton John**, a casa mia lo Stereo costruito da mio fratello 100+100 Watts RMS con equalizzatore grafico sparava a palla **"Smoke in the water" dei Deep Purple, "Aladin Sane" di David Bowie. Le note di "Pazza idea" di Patty Pravo** mi riportano al Circeo di quegli anni d'estate con la famiglia di mio padre che giocavano a carte in spiaggia al Lido Azzurro, vicino al Papillon e a turno nelle case.

A Talenti ascoltavamo **"Dancing with the Moonlit Knight" dei Genesis e "Time" dei Pink Floyd** quello era anche il periodo in cui iniziavo a frequentare la Turchia, poiché mia madre riusciva a parcheggiare me e mia sorella per il periodo estivo mentre lei lavorava, essendo rimasta vedova nel 1973 e quindi ora doveva provvedere alla famiglia.

La musica di **"Wonderworld" degli Uriah Heep con "Hey Hey Helen" degli Abba** l'associo al caldo dell'estate Turca a Iliça, località balneare, nella provincia di Izmir e a casa di mio cugino, che aveva il cognato che produceva cassette, quindi non avevamo difficoltà a reperire gli strumenti per creare le nostre compilation, John viveva nella zona periferica di Izmir, dove storicamente c'erano molte case di europei, alcune delle quali, negli anni, sono state abbattute per fare spazio alla costruzione della città universitaria di Bornova.

"Show me the way" e "Baby I love your way" di Peter Frampton sono legate ai miei cugini americani Tommy e Roby, perché non conoscevo queste canzoni ma ci avevano fatto compagnia durante un viaggio da Bormio a Roma visto che in macchina avevano solo questa cassetta.

"SOS" degli Abba con "La serie dei numeri" di Branduardi, "Un giorno credi", di Edoardo Bennato hanno caratterizzato gli innamoramenti del periodo adolescenziale in cui giocavo a tennis al Nomentano e frequentavo le superiori al Pacinotti, prima del rapimento Moro nel '78 che fu un episodio che fece da sparti acque per noi Italiani. Ricordo nitidamente le cotte prese per Valeria e Piera, che pur essendo affettuose, non mi filavano più di tanto. Facevamo bellissime feste in piscina del circolo, oppure nella Clubhouse, erano feste con più di cinquanta ragazzi.

La Musica di **"Desperado" e "One of these night" degli Eagles con "Machine gun" dei Commodores** caratterizzava le gite in barca, lo sci nautico, le immersioni a pesca subacquea, le partite di calcio contro i ragazzi turchi e le sfide a tennis, al campetto privato oppure, all'Altin Yunus, anche all'istituto culturale francese a Izmir dove incontrai il campione Juniores di Turchia un pomeriggio di Agosto alle 14.00 con una cinquantina di gradi e feci la mia porca figura.

"Stuck Inside of Mobile with the Memphis Blues Again " e "Maggie's farm" di Bob Dylan, "Fire on high" e "Evil Woman" di ELO (Electric Light Orchestra) accompagnava il periodo delle feste in cui s'imbucavano decine di ragazzi, che oggi chiameremmo teppisti; rubavano, spaccavano, facevano a cazzotti, bruciavano i citofoni con gli accendini, facevano sparire i laterali dei vesponi, quando non erano state tolte volontariamente. L'estate caratterizzata da ELO mi presi una bella cotta di Laura della comitiva di Lavinio.

Era il tempo dei posti di blocco molto frequenti per contrastare le Brigate Rosse e l'estremismo armato di destra, ma era anche il tempo in cui si ballavano i lenti come **"Hotel California" Eagles** e così potevi stringere a te qualche bella ragazza, alla quale se mettevi da parte la paura di un rifiuto potevi porre la fatidica domanda: "ti vuoi mettere con me?"

Non si sa com'è, ma a lei piaceva sempre "l'altro" che ovviamente era già impegnato.

La canzone **"September "di Heart wind & fire** ha accompagnato il periodo in cui frequentavamo il Terminillo ricordo che a Capodanno alcuni di noi erano venuti montagna con un cospicuo numero di botti, compresa, la bomba di Maradona, per festeggiare il nuovo anno, molti di questi botti furono usati in modo molto spregiudicato, qualcuno fu messo anche nella buca delle lettere creando danni e amplificando il botto.

"Cup of wonder" dei Jethro Tull con "Attitude Dancing" di Carly Simon, "Una donna per amico" di Lucio Battisti, "Love You inside out" dei Bee Gees e "One more river" Alan Parsons Project portano alla mente i momenti in discoteca al MAIS in Via Beccaria dove spesso ci si scontrava fra gruppi provenienti da diverse zone di Roma come Talenti, Vigna Clara, Balduina o l'Eur, si era tutti molto insicuri e legati all'apparenza come di solito accade quando manca la sostanza, si faceva caso se il naso fosse grosso o piccolo, l'altezza e la muscolatura, l'abbigliamento e l'abbronzatura avevano il loro peso, si cercava di fare colpo in qualche modo, cosa che riusciva abbastanza facile a chi era ricco di famiglia.

"Stay" di Jackson Brown è legata al ricordo di una ragazza conosciuta al Circeo che avrei frequentato molti anni dopo, innamorandomene in maniera molto profonda e che mi avrebbe fatto conoscere, prima, delle emozioni e delle sensazioni che mai avrei immaginato di provare. Poi, allo stesso modo è stata causa di un dolore simile alla morte, avrebbe assunto apparentemente inspiegabilmente, dei comportamenti e degli atteggiamenti opposti a quanto vissuto nei cinque anni insieme. La sofferenza sperimentata a causa del suo rifiuto e la constatazione del suo egoismo e la superficialità riguardo a cosa e come stessi vivendo la mia esperienza lontano da lei, mi ha sorpreso e fatto sperimentare cosa sia l'inferno mentre ero in vita sulla terra.

"Georgy Porgy" dei Toto, "Don't stand so close to me" e "DE DO DO DO, DE DA DA DA" dei Police, "Same old scene" di Roxy Music nel 1980 è musica che ricorda i tragitti in auto per raggiungere le caserme di Pisa e Siena, ascoltavamo i pezzi a palla, i due "Giorgio" con i quali ho condiviso il corso allievi ufficiale e successivamente i primi lanci dall'aereo, l'arrivo al reparto a Siena ed il soccorso ai terremotati in Irpinia, avevano un'ottima competenza musicale e c'era un forte scambio d'informazioni fra di noi.

"Strada facendo" di Baglioni conteneva delle parole che in un momento particolare della mia vita come lo era quello durante il quale l'ascoltavo, aveva parlato al mio cuore dandomi la sensazione che forse un giorno la vita avrebbe dato una risposta positiva a quel senso di vuoto e talvolta di angoscia che dimorava in me.

"Tunnel of love" dei Dire Straits, "Xanadu" di Olivia Newton-John caratterizzarono la permanenza a Siena, lo spettacolo della bellezza della città, con il fascino del Palio, la sfilata per la festa delle forze armate, in quel periodo trovai il modo di giocare a tennis in Serie C per il Circolo Vico Alto, nonostante il Battaglione Paracadutisti mi tenesse molto impegnato.

Molte furono le canzoni che caratterizzarono i miei cinque anni a Londra, durante i quali lavorai in diverse banche.

"Guilty" di Barbara Streisand, "Pescatore" **Pierangelo Bertoli,** I mio amico della Turchia Edwin che viveva a Londra mi fece conoscere "**I'll be Loving You**", "**Can't you see**" di MTB (Marshal Tucker Band). Poi ascoltavo "**Lay Lady Lay**" di Bob Dylan, "**Romancers**" e "**I Wanna Hold you**" di Joan Armatrading, "**Wired for sound**" di Cliff Richard svettava in cima alle classifiche inglesi nei primi anni '80. "**Physical "di Olivia Newton-John, "It must be love" una cover dei Madness**, che andai a vedere in concerto al Dominion in Tottenham Court Road.

Trascorsi lunghi giorni solitari a Londra e la musica era la sola compagna spesso incrociavo le note di "**Train leaves here this morning**" **degli Eagles**, che mi faceva tuffare indietro negli anni dell'esame di Maturità nel '78, il caldo afoso che accompagnava le giornate di studio, guardavo attraverso il balcone sullo sfondo il cielo azzurro di Roma che al tramonto acquistava dei colori spettacolari. Ricordo nitidamente l'incertezza che permeava quei giorni, l'ansia per l'esame, anche l'incertezza che affiorava al pensiero di dover partire per il servizio militare una volta superata la Maturità.

Avevo già ascoltato musica di **Bruce Springsteen** ma "**Point Blank**" con tutto l'Album "The River" aprì un vero e proprio mondo di note, emozioni, che accompagnavano una fase della vita molto intensa. Era anche il periodo in cui sarebbe uscito il film dei Pink Floyd "The Wall" e mi piaceva molto "**Is there anybody out there**", ero così coinvolto dalle novità musicali che tradussi in Italiano tutto il disco che avevo iniziato ad ascoltare assiduamente prima di conoscere l'Inglese.

Alan Parsons era stato il tecnico del suono del disco "The Dark Side of the Moon" dei Pink Floyd e rilasciò nel 1982 con **Alan Parson Project l'Album "Eye in the sky"** molto innovativo dal sound diverso dalla musica ascoltata fino a quel momento.

Durante la permanenza londinese apprezzai un gruppo pressoché sconosciuto in Italia, gli **ABC e in particolare la canzone "All of my heart"** che ho rispolverato in età matura, il ritornello era molto in sintonia con ciò che provavo nel 2018. A sessant'anni provavo emozioni da fare invidia a un pischello di 20 anni. Comunque in qualche modo rimanevo aggiornato delle nuove uscite in Italia, in quel periodo apparve **Rondò Venziano e "Pulcinella"** mi accompagnava spesso nei momenti di relax.

Sempre nei primi anni '80 arrivò ai vertici delle classifiche Inglesi un gruppo Australiano; i **Men at work con la canzone "Overkill"**, anche **Kate Bush aveva in classifica "Oh to be in love"** con degli amici eravamo andati così in fissa che andammo perfino a trovarla, trovammo la casa, ci risposero i genitori, ma lei ormai abitava per conto suo.

Sebbene la canzone fosse uscita nel 1977 ascoltavo spesso **"The name of the game" degli Abba** e in cima alle hit Inglesi **"Sign of the time" del gruppo The belle stars,** era il periodo della guerra delle Falkland e la conseguente caduta del regime Argentino.

"Family Man" Daryl Hall & John Oates aveva un ritmo pazzesco e direi che tutto il disco H2O era notevole con praticamente tutte le canzoni belle.

La mia compilation su compact cassette terminava con le canzoni fino al 1985, l'anno del Live

AID, 16 ore di musica continua fra Londra e Philadelphia in quel periodo ascoltavo i successi del momento sia Italiani che Inglesi, quando andavo in Italia andavo nel negozio del mio "spacciatore di dischi" preferito oppure se veniva qualcuno mi facevo portare le ultime novità italiane.

"Temptation" degli Heaven 17 nel 1983 fece un guizzo al secondo posto nel Regno Unito per poi sparire, **"Rosanna" dei Toto,** non raggiunse le vette delle classifiche ma divenne un bel tormentone come pure avvenne per **"Our Lips are sealed" Fun boy three,** quando uscì l'Album di **Tear for fears** the Hurting con tutte canzoni bellissime e un sound, se ancora poteva esserlo, direi innovativo, che conteneva in particolare **"Watch me bleed",** dall'Italia mi arrivò **"Guarirò, guarirò" di Mia Martini** una canzone di un'intensità veramente speciale, non so quante volte consecutivamente l'ascoltai, insieme al disco di Mia Martini mi portarono l'Album **di Anna Oxa "Per sognare, per cantare, per ballare"** e **"HiFi"** insieme a tutte le altre canzoni molto belle del disco accompagnava i miei pensieri lontano dall'Italia, **"Here Comes the Rain Again"** degli **Euritmics,** al tempo, rivelava la bravura di Annie Lennox. La ballata; **"La donna cannone" di Francesco De Gregori** si andò a inserire perfettamente nel contesto malinconico che alcune giornate londinesi avevano come caratteristica propria grazie al tempo invernale uggioso e freddo, "I won't let the sun go down" Nik Kershaw, **"99 Luftballoons"** era la canzone più famosa della cantante tedesca **Nena** che andai ad ascoltare a Covent Garden, **"Swept away" Diana Ross** è uno di quei dischi che dà ritmo, voglia di fare e di muoversi, **"The boys of**

- 40 -

summer" Don Henley degli Eagles raggiunse la vetta della classifica Top Rock negli USA.

Nel 1983 usciva il film "The Big Chill", che reso famoso, oltre che per il fatto di essere una retrospettiva del '68, anche grazie alla sua colonna sonora, quest'ultima è stata una vera e propria pietra miliare per gli amanti della musica.

Il grande palcoscenico

"Tank" di Emerson Lake and Palmer faceva riunire tutti i giovani inquilini del palazzo del quartiere Talenti al tempo un quartiere di Montesacro a Roma nord di nuova costruzione. Tutti riuniti per sentire quel pezzo "a palla", si sentiva a centinaia di metri fino al Bar dello Zio d'America, come **"Smoke in the water e Highway Star" dei Deep Purple**. Durante l'esecuzione dei brani come degli idioti tutti simulavamo il movimento del chitarrista, scotendo la testa ed oscillando il braccio destro come se suonassimo le corde, mentre il sinistro avrebbe dovuto fare gli accordi, i denti stavano fuori come quelli dei babbuini e le teste si agitavano su e giù.

Ma **Tank,** anche se era uscita qualche anno prima, ha marcato un segno indelebile nella vita musicale, di Giammario del terzo piano, di Alfredo del primo piano del palazzo e mia, ascoltavamo estasiati l'assolo di batteria fino al minuto "4.10" momento in cui la musica esplodeva facendoci stupire nell'ascoltare cosa fosse realmente la stereofonia. Sentivamo correre il suono da sinistra a destra, velocissimo, con poi l'attacco a tutta potenza.

Chiaramente tutto il palazzo e i vicini erano entusiasti (osservazione sarcastica).

Casa mia è stata pressoché in "autogestione" in quel tempo, perché mia madre era guida turistica, era sempre fuori per lunghi periodi. A volte però fra gli amici c'era qualcuno poco amico, ci rimasi veramente male quando qualcuno ha rubato la fede di mio padre e altri anelli di mia madre. Forse nessuno si è mai reso conto della gravità del fatto.

Siamo negli anni '70 e sentivo dentro un forte senso di disadattamento alla società, di ribellione alle regole, avevo un forte risentimento verso Dio per la morte di mio padre nel '73. Questo mi portò ad assumere atteggiamenti ribelli alle circostanze. Una continua critica per tutto e per tutti, il disprezzo per le altre persone, ma al tempo stesso esibizionismo, bisogno di attenzione e considerazione, dipendenza dal giudizio altrui. La ricerca di conferme e di apprezzamento diventò come una droga, era obbligatorio essere il primo in ogni cosa, a Calcio, Tennis, Sci nautico, Subbuteo, a Risiko, con le ragazze, essere spericolato con la moto.

Pensiero fisso era legato a cosa reputavo avrebbero pensato gli altri di me, di ciò che facevo, "i capelli sono lunghi abbastanza?", "il ciuffo renderà il naso più piccolo?", quando poi Freddy con Nello suo padre, per prendermi in giro mi dicevano: "vuoi che nasca o che muoia?" dove la parola "nasca" era un chiaro riferimento al naso grosso, che in fase di crescita aveva assunto la dimensione da adulto, su una faccia da bambino, fino a sedici anno non ero più alto di un metro e mezzo.

Ogni scelta, ogni atteggiamento, era fatta in funzione del giudizio altrui, un po' il ragionamento della serie: "mi notano di più se non vado alla festa o se ci vado e mi metto in un angoletto?" Come nel film "Ecce Bombo"

La mia vita si svolgeva su di un palcoscenico immaginario, ecco perché dei pochi libri che avevo letto, continuavo a rileggere Pirandello.

Anche se a casa si valorizzavano aspetti diversi, nel gruppo, a scuola, nella vita, bisognava essere "qualcosa", ma cosa veramente, non era affatto chiaro, quello almeno sarebbe stato il primo passo per raggiungere un obiettivo.

In discoteca bisognava essere il più bello, il più bravo ballerino, a tennis il più forte, a calcio quello che segnava di più, nel gruppo quello che aveva o poteva avere più donne. Una fatica enorme, praticamente un lavoro. Nella vita facevo un errore che nel tennis non facevo mai.... "non guardavo la palla!" Nella vita è impossibile raggiungere un obiettivo senza fissarlo, costantemente e continuamente, così come nel tennis è impossibile giocare con potenza senza seguire la palla costantemente, anche durante l'impatto con la propria racchetta, in definitiva si tratta di dover colpire al volo un oggetto in movimento, già difficile colpirlo se lo guardi, figurati se non lo fai.

Questa recita mi portava all'esasperazione, tanto che la chiamata alla scuola ufficiali dell'Esercito arrivò come una liberazione, come una fuga dalla realtà che era divenuta insostenibile. Lo stress era stato determinato dalla constatazione dell'indifferenza altrui in contrasto con il bisogno di conferme e di sicurezza. Per arrivare a costatare che tutti, chi più chi meno, procedevano seguendo la stessa logica delle apparenze, in funzione di quello che ognuno credeva che l'altro pensasse. Rivelando la triste realtà che ogni atteggiamento era determinato da un'esigenza di appagamento egoistico e personale, ognuno, di fatto, cercava di appagare il vuoto della mancanza di qualcosa che desse un significato alla propria vita, recentemente ho trovato un'agenda del 77 nella quale ho trovato due pagine fitte con scritto a ripetizione, "sono brutto".

C'era una corsa ad assumere atteggiamenti che portassero una qualche soddisfazione emotiva, in una rincorsa inutile.

Dopo qualche anno capii che questa frenesia in cerca di qualcosa aveva un nome: ricerca di Dio.

Roma Capoccia di Antonello Venditti

Roma Capoccia mi riporta alla mente la vista della città dal Pincio, i giri in moto sul Lungotevere, l'aria tiepida delle sere di Maggio, l'appuntamento a prendere il gelato da Giovanni vicino a Piazzale delle Muse, incontravo sempre qualcuno di mia conoscenza.

Stando all'estero ero più cosciente di essere "un cittadino Romano".

La lontananza da Roma le attribuiva un significato molto più grande di quanto non ne avesse avuto nei primi venti anni di vita.

Consideravo come miei i monumenti, la storia dell'Impero. A scuola non ho amato studiare la Storia, ora avevo comprato dei libri su Roma antica. Le lunghe serate piovose a casa da solo erano un'ottima occasione per esplorare le radici, per rifondare la mia essenza, non avevo bisogno di ostentare nulla, non dovevo essere qualcosa di diverso, qualcosa di migliore di quello che ero. Potevo riprendere fiato.

Sotto questo aspetto la riservatezza e l'indifferenza londinese erano raccapriccianti. Londra assorbiva tutto e tutti, ma dovevano essere autosufficienti e indipendenti.

Poi, nelle notti di riflessione riguardo all'esistenza, la canzone di **Baglioni "Strada facendo"** portava a riflettere sul fatto che un giorno avrei trovato: "un gancio in mezzo al cielo e avrei sentito la strada far parte del mio cuore".

Ero profondamente convinto di questa realtà, ed una volta conosciuta la verità in Cristo mi resi conto che Lui è il "gancio".

BIG CHILL

01 - I Heard It Through The Grapevine - Marvin Gaye
02 - My Girl - The Temptations
03 - Good Lovin' - The Rascals
04 - The Tracks Of My Tears - Smokey Robinson and The Miracles
05 - Joy To The World - Three Dog Night
06 - Ain't Too Proud To Beg - The Temptations
07 - Natural Woman - Aretha Franklin
08 - I Second That Emotion - Smokey Robinson And The Miracles
09 - A Whiter Shade Of Pale - Procol Harum
10 - Tell Him - The Exciters
11 - Bad Moon Rising - Creedence Clearwater Revival
12 - When A Man Loves A Woman - Percy Sledge
13 - In The Midnight Hour - The Rascals
14 - Gimme Some Lovin' - The Spencer Davis Group
15 - The Weight - The Band
16 - Wouldn't It Be Nice - The Beach Boys
17 - Strangers In The Night - Bert Kaempfert
18 - You Can't Always Get What You Want - Church Version
19 - J.T. Lancer Theme - Theme
20 - It's the Same Old Song - Four Tops
21 - Dancing in the Street - Martha and The Vandellas
22 - What's Going On - Marvin Gaye
23 - Too Many Fish in the Sea - The Marvelettes
24 - Ain't Nothing Like the Real Thing - Marvin Gaye & T. Terrell
25 - What Becomes of the Brokenhearted - Jimmy Ruffin
26 - Shotgun - Jr. Walker & The All Stars
27 - Take Me in Your Arms (Rock Me a Little While) - The Isley Brothers
28 - Ask Any Girl - The Supremes
29 - You Don't Own Me - Lesley Gore
30 - Like to Get to Know You - Spanky & Our Gang
31 - Monday, Monday - The Mamas & the Papas
32 - Nights in White Satin - The Moody Blues
33 - Feelin' Alright - Joe Cocker
34 - Game of Love - Wayne Fontana & The Mindbenders
35 - I Got You (I Feel Good) - James Brown
36 - (We Ain't Got) Nothin' Yet - The Blues Magoos
37 - Time of the Season - The Zombies
38 - Get It While You Can - Howard Tate

♫ **Walk on**
U2
2000

You're packing a suitcase for a place
none of us has been
A place that has to be believed to be seen
You could have flown away

Stai preparando una valigia per un posto in cui nessuno
di noi è stato
Un luogo da credere per essere visto
Potresti essere volato via

"il mio canto libero" anni '70

I pensieri sulle note della canzone di Lucio Battisti corrono ai primi anni '70, il gruppo di ragazzini di Talenti aveva il suo fulcro d'incontro al "centro commerciale" (quello che ora è la ASL di Via Rovani) un luogo dove erano raccolti diversi negozi, con ampi spazi per giocare a pallone, con aiuole per giocare con le biglie, spiazzi per sedersi al coperto e giocare a sette e mezzo con i fumetti del tempo come "il monello Jet, l'Intrepido, gli albi di Topolino, La Collana Eroica, Zagor, Tex", rigorosamente in buone condizioni.

Lo scambio delle figurine Panini sul davanzale delle vetrine dei negozi, si facevano cadere in terra, vinceva chi riusciva a farla sovrapporre a un'altra, le corse in bicicletta, su una o due ruote, tutto sotto gli occhi di alcune mamme che passavano i pomeriggi a chiacchierare fra loro, mentre gli "anziani" sessantenni giocavano regolarmente a carte, ognuno si portava la sedia pieghevole da casa, il tavolo era fatto con un pezzo quadrato di legno appoggiato su due cassette della frutta.

La comitiva dei "grandi" si riuniva in via Capuana, davanti al prato del "motocross", con i miei coetanei, osservavamo quasi sbavando le moto da cross, il Milani a sei marce, con il codino ed il serbatoio rosso, costava "seicento mila lire", il Guazzoni, lo Zundapp, il Caballero.

Potevo restare per un tempo indefinito a guardare i particolari del motore e del telaio, sentirne il rumore del motore mi gasava e tentavo d'imitarlo con la bocca quando correvo in bici.

Il gruppo compatto migrava sul prato quando le moto entravano in azione, con salti, sgommate, impennate, e chiaramente delle gare improvvisate, fino al momento in cui gli inquilini di Via Carlo Dossi, una via limitrofa, esasperati dal rumore, non chiamavano la Polizia Municipale, da lì la frase: "marce basse pronti a dasse".

Polizia che però ben poco poteva fare sui prati con le Moto Guzzi 500 da strada.

Quell'esperienza fece nascere in me l'amore per le moto, tanto da portarmi a gustare d'inverno, solitario, molti anni dopo, a correre sul bagnasciuga di Fregene con la mia Honda 600 XLR.

Finite le scuole medie nel '73, mio padre è morto, la morte come un uragano irrompe in casa, spazza via la pace, contestualmente la violenza politica s'insinua nel quotidiano, la sera alle 18:00 tutti a casa di Robertino per vedere "Happy Days", un appuntamento fisso, seguito in gruppo, con relative discussioni e commenti sugli episodi.

Mio fratello Guy ha finito di costruire l'impianto stereo, per hobby insieme a Cesare ed Antonio, costruivano amplificatori e diffusori acustici, per loro e per gli amici. In sostanza sono il primo del palazzo a possedere un impianto stereo con "l'onda quadra" perfetta, 100 Watts RMS di potenza con una coppia di altoparlanti alt un metro con un woofer RCF da 30 cm, l'equalizzatore grafico, una tragedia per la famiglia del piano di sotto, la quale sopporta per compassione, il volume della musica che giungeva a coprire la voce delle persone e della Tv in salotto.

- 50 -

Un giorno, il signor Franco, con estremo garbo ed educazione, salì al piano di sopra per dire: "piccolo mio, potresti abbassare un pochino, così potrò sentire il telegiornale". Mia sorella Claudia era innamorata di un certo Fernando, omonimo della celebre canzone degli Abba, Franca che abitava al piano di sotto rivelò che la madre mentre sbrigava le faccende di casa ormai cantava solo la canzone "Fernando", tanto gli era entrata in testa.

Altri tempi altra mentalità, il signor Franco mi considerava come un nipote aggiunto, nel palazzo d'altronde non erano semplici coinquilini, ma anche colleghi di lavoro dell'Olivetti, dove mio padre lavorava.

Il figlio del signor Franco, Claudio, di oltre dieci anni più grande di me era maestro di tennis, ha avuto una cura speciale per me, mi allenava, mi consigliava, mi ha voluto come aiuto maestro nella scuola SAT del circolo, mi regalava i completi Sergio Tacchini quando per contratto riceveva i nuovi, provvedeva e procurava i "contratti" per le racchette e le incordature. Mi seguiva durante i tornei ed era il mio compagno di doppio negli incontri delle coppe a squadre.

Fino al giorno in cui, nel 1986, il Mar Rosso non lo inghiottì durante un'immersione in vacanza, per non restituirlo mai più, per me la sua perdita fu come quella di un fratello, per giorni e notti il pensiero rimbalzò sul suo viso con i suoi baffoni simili a quelli di John Newcombe, lo sguardo a volte benevolo ed a volte severo, in tuta sui campi in terra rossa, spesso lo sognavo vivo, per gustare al mattino il sapore amaro della delusione della realtà.

"Hotel California" degli Eagles,

il Maresciallo avanzò con un metro estensibile in mano, mi si avvicinò con passo svelto sul piazzale del 5° Btg El Alamein a Siena, si fermò a un passo da me, con fare schietto mi misurò l'altezza e la larghezza e prontamente chiesi: "ma che stai a fa?" il Maresciallo rispose: "niente, domani stai al lancio... prendo le misure, nun se sa mai..... eh eh". Ghignando s'allontanò, così non esitai a fare un gesto scaramantico molto comune fra i maschi.

La sera, complice la stanchezza, in mutande seduto sul letto, piedi scalzi, riflettevo sul lancio dell'indomani, se tutto fosse filato liscio come al solito, la sera successiva sarei stato ancora lì ad ascoltare la mia musica preferita, oppure forse quella era la mia ultima sera.

La sveglia al mattino alle 4, colazione alla mensa truppa, poi sul piazzale tutti i fucili e le mitragliatrici MG allineate su più file, il controllo dei fogli d'imbarco, la salita sui camion, i CM52, su ogni camion i due seduti più esterni, verso il portello reclinabile di accesso, avevano il caricatore nastrato di rosso con proiettili veri, per un'eventuale difesa in caso di attentato delle Brigate Rosse. Anche noi ufficiali e i sottufficiali nelle cabine del camion eravamo armati.

Il tragitto fino a Pisa per l'imbarco era lunghissimo con i camion che procedevano a 50 km l'ora in colonna, i fari accesi, molto freddo.

Una volta in una località della Toscana a metà strada, alcuni ragazzi "batterono la stecca" ed insultarono noi Parà che andavamo al lancio. Fermai il camion e con me scesero 5 o 6 Parà, lo sguardo terrorizzato dei ragazzi trasformò la rabbia in un goliardico: "non ci rompete i c... e fatevi i c..zi vostri, che non andiamo a divertirci!"

All'arrivo all'aeroporto si disponevano due file ai margini della pista, attendendo l'imbarco dell'Hercules C130, i paracadute imbracati, lo zainetto agganciato, sulla destra il fucile FAL con il calcio reclinabile ed un tappo di spumante sulla canna per impedire l'accesso della terra all'atterraggio. Chi non ce l'aveva o non lo metteva, oltre alla punizione avrebbe pagato da bere.

L'imbarco nel grande aereo da trasporto avveniva in modo ordinato, silenzioso, ogni parà doveva controllare quello che gli stava davanti per verificare che tutto fosse in ordine con la fune di vincolo.

L'aereo era pressurizzato, dopo il decollo faceva un'ampia virata verso la zona di lancio, 72 parà, ogni passaggio 12 fuori, il primo di ogni passaggio era un ufficiale, un sottufficiale o graduato. L'aereo si stabilizzava, si aprivano le porte laterali, sfilavamo in posizione, le dita fuori della carlinga, il palmo steso e compatto, per evitare d'incastrare un dito al momento del lancio, l'aria a causa della velocità aveva una forza contrastante fortissima. L'uscita dalle porte laterali, sebbene ci fosse un alettone frangivento, rendeva molto più forte la sensazione della velocità in uscita.

Un salto e via nel vuoto verso quella sensazione che rende il parà diverso dagli altri uomini, il bisogno di eccezionalità veniva sodisfatto, anche se non c'era pubblico, anche se raccontarlo non aggiungeva niente di più, la scarica di adrenalina era tale che l'appagamento, una volta arrivato a terra, era totale.

L'ambiente del Battaglione non era affatto come le persone di fuori lo dipingevano, i ragazzi erano tutti dei bravi ragazzi, come sempre quando c'è una gran quantità di persone, ci poteva essere qualcuno che usciva dai ranghi ed era rissoso, o sfogava la sua frustrazione attraverso l'anzianità o il grado, ma veniva messo subito in riga, qualcuno che voleva approfittarsene per andare in licenza poteva esagerare con il numero di parenti morti o all'ospedale, alla prima passava, ma alla seconda perdeva pure i diritti acquisiti fino a quel momento.

L'ambiente era serio e professionale, senza estremismi, senza modi di fare inutilmente prevaricanti fra commilitoni. C'era un lavoro da sbrigare e bisognava svolgerlo seguendo delle regole, in tempi precisi, come il soccorso in caso di calamità naturali, servizio d'ordine, le esercitazioni interforze.

Sicuramente c'era una forte competizione fra gli stessi ufficiali e fra i parà, ma ogni cosa avveniva seguendo le regole. Certo l'amico e collega Tenente d'Accademia non apprezzò il macabro scherzo quando la sera prima del lancio, la sua stanza fu trasformata in camera mortuaria con le candele ai bordi del letto, un drappo nero come lenzuolo ed il modellino di un Hercules rovesciato nel mezzo del letto. Con "i due Giorgi" compagni di stanza, ideatori della farsa, fummo "cazziati" ma non puniti.

Scherzare sulla morte ne esorcizzava la paura, condividendo le sensazioni dopo il funerale di alcuni colleghi morti al lancio con i miei compagni di stanza, constatavamo che dopo un grave incidente o la morte al lancio di un collega, scattava come un meccanismo di demenziale euforia, che ci faceva sentire in colpa, quasi fossimo divertiti dell'evento o che festeggiassimo il fatto che non fosse toccato a noi, contemporaneamente provavamo una profonda amarezza e tristezza quando un ragazzo moriva al lancio, turbando il nostro sonno.

Imbarco Hercules C130

Point Blank
(estratto da 100 Pagine 2022)

"Point Blank" di Bruce Springsteen Il Disco "The River" era appena uscito, i primi giorni a Londra, 22 anni, non conosco la lingua, giornate piovose, buio molto presto rispetto a Roma, passeggiate lunghissime, esplorazione della città, la ricerca di una scuola per imparare l'Inglese, chilometri fra migliaia di persone sconosciute, un bombardamento di informazioni nuove, l'impossibilità di capire al volo cosa viene detto.

Una perdita immediata e totale della propria identità, nessun punto di riferimento, immerso in un sistema nuovo, sconosciuto, senza un ritmo di vita personale, senza alcun "rito" quotidiano, come il cappuccino al bar e la lettura del giornale appoggiato sul frigorifero dei gelati.

Vago per il centro di Londra, faccio conoscenze occasionali, specialmente da quando ho iniziato a frequentare una scuola fra Angel e Islington.

Nella mia classe ho fatto amicizia con un Messicano, un Giapponese, una ragazza Svizzera tedesca molto bella con la quale c'è del tenero, poi altri di altre nazionalità.

Fra noi si parla per forza in Inglese, è forse l'unico vero modo per impararlo velocemente, l'essere circondato da persone straniere facilita il compito, sbagliare è normale e l'obbiettivo non è "sficheggiare" ma la comunicazione è ridotta all'essenziale, bisogna trasmettere un concetto all'altra persona e se l'altra non capisce non gli si dà la colpa, così si ricomincia da capo anche dieci volte, sforzandosi di fare ogni volta meglio.

Quando si è forestieri si fa facilmente conoscenza con altre persone nelle stesse condizioni, si crea un piccolo gruppo, si cerca di ambientarsi; il luogo dove con il neo gruppo c'incontravamo era in un Pub molto animato di Covent Garden, c'erano molti Italiani rispetto ad altre presenze straniere, ma molti erano strani, con la puzza sotto al naso, quando parlavano e, se parlavano, raccontavano solo di se stessi, inizialmente era interessante, ma poi il vuoto affiorava e la conversazione perdeva d'interesse.

Quello è stato un momento di crescita fenomenale, a 22 anni, improvvisamente senza punti di riferimento materiali o umani, la mia essenza di uomo di fronte ad una società che non mi conosceva, non conoscevo nessuno.

Le mie capacità lavorative erano nulle, l'ho dovuto constatare quando durante la compilazione di un modulo di un'agenzia per il lavoro interinale, l'unica apparecchiatura elettronica che sapevo usare era la fotocopiatrice (e neanche tanto bene) il resto dei campi restavano drammaticamente vuoti.

In definitiva sapevo fare molti sport, ero stato ufficiale dell'esercito, maestro di tennis, barista, cameriere, ma non avevo nessuna qualifica, nessuna esperienza che potesse introdurmi a qualche titolo nel mondo del lavoro, oltretutto sapevo anche parlare male l'Inglese, ero praticamente un "niente" dal punto di vista lavorativo.

Ho giocato a calcio in una squadra di figli d'Italiani emigrati a Londra, nessuno parlava bene l'Italiano, di fatto parlavano tutti il Cockney, il dialetto di Londra, di quelli che vivono attorno alle Bow Bells, praticamente incomprensibile per chi non ci ha fatto l'orecchio, infatti tutto il girone d'andata non ho capito quasi niente di quello che mi dicevano.

Per dire che era "Corner", la parola suonava così: "is couna inì?" che tradotto sta per "it is Corner isn't it?", per dire che era "off-side" si diceva "is off ref !" che tradotto sta per "is off-side referee!".

La squadra giocava ad Hakney Marshes, un comprensorio sportivo ad est di Londra con 110 campi di calcio in erba, uno attaccato all'altro, le partite iniziavano tutte alla stessa ora, era fantastico vedere quella distesa di campi popolata da centinaia di persone con le magliette di tutti i colori, inoltre non era vietato parlare in campo come avviene in Italia, perciò è facilmente comprensibile che razza di caos ci fosse in tutta l'area.

Cinque zone dislocate fra i campi per gli spogliatoi, c'erano squadre di soli turchi, jamaicani, west-india, pakistani, indiani, irlandesi, scozzesi e chiaramente inglesi.

Fra lo spogliatoio e le docce c'era un cortile di terra che spesso si trasformava in fango, attraversato in pieno inverno a piedi scalzi con solo un asciugamano attorno alla vita, un vero schiaffo ai modi comodoni degli Italiani, tutti precisi con ciabatte accappatoi e phon, ambienti riscaldati e così via.

Cosa Sarà di Lucio Dalla.

Rifletto sulle parole di Lucio Dalla, ho molto tempo per pensare all'essenza della vita nella solitudine delle vie di Islington, passeggio sulla via del ritorno a casa, nessuno mi sta aspettando, mi fermao da Safeway per comprare i pelati, la pancetta, la cipolla e la pasta Barilla, tutti i giorni la sera mangio la stessa cosa: pasta al pomodoro. Il sugo me lo ha insegnato mia madre per telefono, quando sono troppo stanco però mi mangio mezza scatola di Korn Flakes.

Il Sabato faccio la "laundrette", sette mutande, sette magliette, cinque camice, che stiro da solo, non sono stato molto contento quando qualche giorno fa la mia collega mi ha chiesto: "perché la camicia non è stirata?" Inutile spiegare che in verità era stata stirata.

Ho tutto il tempo per costruire quello che voglio, eppure non ne ho la voglia, rifletto spesso su "cosa sarà" che rende il mondo, quello che è, ma non so darmi una spiegazione che abbia senso.

Ripenso alla mia Roma, al sole, alla facilità con la quale si andava al mare, alle passeggiate ai Fori Imperiali con una bella ragazza, nel mio quartiere dove sono cresciuto conoscevo tutti, non potevo fare un passo senza dover salutare qualcuno.

Ora che mi trovo a migliaia di chilometri di distanza apprezzo le piccole consuetudini del Bar Bonelli al mattino, anche quel coatto incontrato allo Zio d'America faceva folklore, un omone enorme con la camicia aperta che faceva apparire la catena d'oro con il crocifisso, insisteva nel volere un cornetto, che però non era disponibile, il barista forniva delle possibili e valide alternative, ma il tizio restava insoddisfatto fino al punto in cui desistendo disse: "va bè, ho capito, stammatina nun è serata!" Spesso a Londra facevo delle battute, ma non venivano proprio capite, il sarcasmo romano era completamente sconosciuto e diverso da quello Inglese. Un sarcasmo acido come quando andai ad abitare a Cinecittà a Piazza dei Consoli e parlando in strada con alcuni inquilini, ce n'erano alcuni che si lamentavano per la mancanza di parcheggi ed il proliferare dei posti riservati per i disabili, particolare e cinica fu l'osservazione di uno che ce l'aveva con qualcuno privo di vista dicendo: "ma quello se è cecato che nun po' camminà? Perché je devono dà er posto sotto casa?" Ma era proprio questa caratteristica dei Romani che in fondo mi mancava, la facilità d'intavolare una conversazione, anche animata ed intensa, con persone sconosciute, tanto che appena tornato a Roma da Londra mi piaceva fare la fila alla Posta per ascoltare le conversazioni.

♫ Cosa sarebbero le canzoni

Le canzoni in Inglese
Senza:

Tonight
Somebody
Together
Everybody
Dance
Come on
Love you
Sunshine
Lonely
Alone
I Love You
You & me

Ps
Era una battuta

"Sledgehammer" di Peter Gabriel 1988,

Il sole è alto, la bandana è stretta sulla fronte, occhiali scuri, il vento forte sulla faccia, la musica nella cuffia copre il rumore del motore e del vento.

La moto da enduro sfreccia potente nei boschi al limite dell'altopiano anatolico, si sale fino ai mille metri d'altitudine, fra alberi e ruscelli, strade strette di montagna, un paesaggio che potrebbe essere scambiato con le Alpi.

Ad un tratto la cima. Si apre improvvisamente una vista meravigliosa, una pianura verde, sterminata, che corre verso il Sud.

Mi fermo per ammirare il paesaggio, il silenzio è totale, inspiro profondamente l'aria ricca di ossigeno e pulita, cercando quasi di trattenerne un po' per sempre dentro.

Resto in piedi ad assaporare la consapevolezza dell'essere vivo. Il silenzio, la pace, la vista, fanno crescere quel senso di sazietà e soddisfazione. Mi sento parte integrante di questo sistema che si chiama universo. Il sole, la terra, l'aria, ci appartengono, questa è la vera ricchezza, che nessuno ci può strappare senza l'autorizzazione di Dio.

Lo sguardo si perde verso l'orizzonte, mentre si respira l'aria delle civiltà antiche, probabilmente questa è la strada percorsa dall'apostolo Paolo, e trecento anni pima da Alessandro Magno con il suo esercito.

Alessandro Magno, uno dei grandi condottieri della storia, morì giovane, dopo aver conquistato il conquistabile. Il profeta Daniele (620-530 a.C.) ne parlò profeticamente durante l'epoca Babilonese, come di un capro che viene dall'occidente, che percorre tutta la terra senza toccare il suolo. Distrusse gli eserciti dei Medi e dei Persiani; dopo la sua morte, il regno fu diviso in quattro fra i generali: Tolomeo, Lisimaco, Eumene di Cardia e Antigono Monoftalmo, fino all'avvento dell'Impero Romano che impose il potere assoluto di Roma. (al riguardo ho critto il libro "100 Pagine ROMA" che parla del ruolo di Roma nel contesto delle profezie della Bibbia)

Si sente più forte in questi luoghi la presenza dell'impero Romano che non in Italia. Gli Italiani nei posti di potere, non sanno che ogni autorità è posta da Dio: "Ogni persona sia sottoposta alle autorità superiori; perché non v'è autorità se non da Dio; e le autorità che esistono, sono ordinate da Dio:" (Rom 13:1), il Cristiano è chiamato ad essere sottomesso all'autorità, questa deve essere esercitata assumendosi la responsabilità di essere chiamata ad operare davanti a Dio.

Ma spesso in Italia non prendono decisioni, se non in funzione di un ritorno personale, amano proclamare, affermano di voler fare delle cose con l'entusiasmo che dovrebbe avere chi le cose le ha già fatte. L'Italia ha risorse artistiche e naturali che valgono cento volte il petrolio Saudita, ma la litigiosità e la bramosia di bloccare il lavoro altrui solo per apparire, mandano in fumo le risorse.

Duemila anni fa i nostri avi su queste coste Turche costruivano strade, porti, acquedotti, ville, teatri. In questi luoghi bastava essere cittadino Romano per essere degno di rispetto.

Il viaggio su due ruote prosegue, il mio mezzo monocilindrico spezza il silenzio della montagna, scendendo velocemente verso valle, verso il mare.

I profumi orientali riempiono le strade del villaggio, con pochi soldi si può trovare una pensione e mangiare pesce, l'ospitalità tipica dei Turchi rende il soggiorno molto piacevole.

Resto seduto su uno scoglio ad ammirare il sole che tramonta all'orizzonte verso la Grecia.

Rifletto ad alta voce sulla grandezza di Dio, l'Artista meraviglioso, preciso, ricco di sfumature che arricchiscono chi le osserva e le sa capire, tutto intorno è pace.

La pace.

Molti ne parlano, molti la cercano, ma bastano poche persone per toglierla. Spesso ne basta solo una.

Come un remo che in mare con la calma piatta smuove tutta l'acqua, così nella vita basta l'ansia e l'odio di una persona a generare scompiglio.

La pace sulla terra è una conquista, senza rinunce e senza lotta non esiste, la pace è la vittoria sui conflitti. Ma la Bibbia, afferma che l'uomo ha scelto la guerra anziché la pace, come d'altronde possiamo costatare noi che siamo vivi oggi, basta attenersi ai fatti, togliendo "l'audio" alle parole vuote che continuiamo a sentire attraverso i media, da parte di coloro che vorrebbero essere portavoce della pace, ma che in sostanza non hanno i mezzi, né la capacità per realizzarla, perché la pace deve scaturire dall'interno, la gente che non ha Cristo nel cuore non ha pace, non conosce la pace né può conoscerla.

Chi ha pace interiormente non ha bisogno di combattere il prossimo. "La guerra scaturisce dall'ambizione e dalla pazzia di uomini che Dio fa nascere e il diavolo fa vivere, per la sofferenza degli altri ." E questa sarà la realtà umana fino al ritorno di Cristo in gloria: *"Poi un ramo uscirà dal tronco d'Isai (Gesù discendente di Davide figlio d'Isai), e un rampollo spunterà dalle sue radici. Lo spirito dell'Eterno riposerà su lui: spirito di sapienza e di intelligenza, spirito di consiglio e di forza, spirito di conoscenza e di timore dell'Eterno. Respirerà come profumo il timore dell'Eterno, non giudicherà dall'apparenza, non darà sentenze stando al sentito dire, ma giudicherà i poveri con giustizia, farà ragione con equità agli umili del paese. Colpirà il paese con la verga della sua bocca, e col soffio delle sue labbra farà morire l'empio -- (E il rimanente fu ucciso con la spada che usciva dalla bocca di colui che cavalcava il cavallo (Gesù ndr) Apoc 19:21) -- . La giustizia sarà la cintura delle sue reni, e la fedeltà la cintura dei suoi fianchi. Il lupo abiterà con l'agnello, e il leopardo giacerà col capretto, il vitello, il giovin leone e il bestiame ingrassato staranno assieme, e un bambino li condurrà. La vacca pascolerà con l'orsa, i loro piccini giaceranno assieme, e il leone mangerà lo strame come il bue. Il lattante si trastullerà sul buco dell'aspide, e il divezzato stenderà la mano sul covo del basilisco. Non si farà né male né guasto su tutto il mio monte santo, poiché la terra sarà ripiena della conoscenza dell'Eterno, come il fondo del mare dall'acque che lo coprono."* (Isaia 11:1-9)

Paradossalmente tutti quelli che si adoperano per la pace nel mondo adesso, sprecano i loro sforzi, l'unica direzione giusta è lavorare affinché l'uomo faccia pace con Dio e dalla sua pace scaturisca una vera pace verso il prossimo, lavorare sugli effetti non è producente, l'unica cosa valida è lavorare sulle cause, dato che il cuore dell'uomo è malvagio: "Il cuore è ingannevole più d'ogni altra cosa, e insanabilmente maligno" (Ger.17:9) - "E siccome non si sono curati di ritenere la conoscenza di Dio, Iddio li ha abbandonati ad una mente reproba, perché facessero le cose che sono sconvenienti, essendo essi ricolmi d'ogni ingiustizia, malvagità, cupidigia, malizia; pieni d'invidia, d'omicidio, di contesa, di frode, di malignità; delatori, maldicenti, abominevoli a Dio, insolenti, superbi, vanagloriosi, inventori di mali, disubbidienti ai genitori, insensati, senza fede nei patti, senza affezione naturale, spietati" (Rom 1:28-31)

La grazia di Dio non è a pagamento, ha già pagato Cristo, la si può ottenere semplicemente accettandola per fede, è gratuita, Dio è l'unico che possa dare qualcosa gratuitamente, gli uomini lo fanno per interesse, Dio per amore, anche perché ci è abituato, basta ammirare l'universo, la terra, la natura, la vita, gli animali, la frutta, i bambini, tutto ci è stato dato: "Nudo sono uscito dal seno di mia madre, e nudo tornerò in seno della terra; l'Eterno ha dato, l'Eterno ha tolto; sia benedetto il nome dell'Eterno". (Giobbe 1:21)

Niente abbiamo portato nel mondo e niente ci porteremo via se non le nostre scelte, dato che siamo esseri eterni, poiché tutto ciò che Dio fa è per sempre, ciò che esiste non potrà mai più non esistere, questo vale anche per l'uomo.

La luce del sole del mattino dà la sveglia nelle stanze della pensione. La colazione è abbondante a base di tè, pane burro e marmellata, biscotti, yogurt e "beyas peynir", formaggio bianco salato tipico del mar Egeo che in Grecia chiamano "feta".

Il tavolino è apparecchiato sullo spiazzo antistante la pensione, il sole di Oludeniz ha arso tutta l'erba, l'aria è buona. Al mattino presto l'aria è già calda, da queste parti si può dormire la notte all'aperto senza problemi di umidità.

Il tragitto da compiere è piuttosto lungo e tortuoso, trecentocinquanta chilometri fra montagne che sfiorano i duemilacinquecento metri, la meta è Denizli per proseguire fino a Pamukkale centocinquanta chilometri nell'entroterra rispetto ad Efeso.

La strada infuocata dal sole scorre sotto gli stivali, il traffico è intenso, molti camion, bisogna fare attenzione perché le moto non sono affatto considerate come veicoli.

Il faro è sempre acceso ed il casco è d'obbligo, la strada è piena di sassi che possono schizzare da un pneumatico fino in faccia. La musica di Peter Gabriel e degli Eagles accompagna tutto il tragitto, bisogna calcolare bene i rifornimenti di benzina perché il serbatoio è piccolo ed i distributori scarsi.

Pamukkale

"Outlaw Man" degli Eagles, quando ero piccolo sognavo di viaggiare in moto con la loro musica, pensavo che sarei stato il padrone del mondo, stava realizzando il mio sogno.

La sensazione unica di potere e libertà che veniva dal viaggiare in Turchia, su questa terra antica, mi riempiva il petto. Avevo tutto, Dio nel cuore, la libertà di movimento con una moto potente, il cui rombo della marmitta di alluminio, risuonava fragoroso nelle ampie vallate turche, bastava aprire il gas con le marce basse, senza "sfrizionare", perché la moto s'impennasse.

La Turchia fa innamorare facilmente chi la conosce, per un italiano, per un cristiano, sembra di tornare a casa dai nonni, il tempo in molti luoghi si è fermato all'epoca di Paolo Apostolo.

Nell'interno del paese la tecnologia stenta ad arrivare, le persone sono semplici e schiette, senza malizia.

Mentre la moto sfreccia veloce attraverso il territorio brullo, l'aria calda è di conforto, non mi stanco mai di ammirare il paesaggio dell'Asia minore. Dopo quasi sei ore finalmente sono quasi a destinazione, il sedere è dolorante, le gambe anchilosate, le mani formicolano per l'effetto del vento e della velocità.

La moto percorre a bassissima velocità le stradine del piccolo villaggio, sale verso le terme in cima alla collina.

Pamukkale basa la sua economia sul turismo, il

calcare dell'acqua ha creato sulle pendici della montagna uno spettacolo unico.

Un intero lato della montagna è bianco come un ghiacciaio, con il susseguirsi verso valle di bacini pieni d'acqua scaldata dal sole, le vasche più alte generano delle stalattiti bianche colorate di muschio dando l'idea di essere degli enormi denti di una bocca mastodontica.

Alle spalle di Pamukkale ci sono gli scavi di Hierapolis, città greco romana distrutta da un terremoto. Le rovine sono imponenti, i blocchi di pietra usati per la costruzione del teatro, delle tombe e delle terme romane sono di dimensioni sproposite anche per uno che viene da Roma "la città del Colosseo".

Gli scavi con grande orgoglio e mia soddisfazione, sono portati avanti da italiani.

Le pietre riportano iscrizioni greche, al tempo dell'Impero Romano la lingua greca era come oggi l'Inglese, la lingua internazionale.

Osservo la testimonianza di un'epoca passata, di questa città popolosa, ridotta ad un ammasso di rovine.

Eppure proprio qui in questo luogo delle persone, dei giovani come me, lavoravano, s'innamoravano, si sposavano, avevano figli, invecchiavano e morivano.

E' difficile acquisire il senso della continuità nei confronti del passato senza conoscerlo, bisogna fare uno sforzo, la mente è proiettata sempre verso il futuro, si applica con forza per soddisfare i bisogni egoistici del presente, non ha tempo di riflettere sull'essenza di essere uomo, eppure ogni edificio deve basarsi su delle fondamenta, che sono tanto più forti quanto più sono profonde. Non posso evitare di meditare sull'essenza della vita: il tempo.

Quando ero giovane pensavo di averne anche troppo, e quanto ne ho sprecato! Quando mi sono reso conto di quanto fosse prezioso ne avevo buttato via già un bel po'.

Il valore del tempo aumenta proporzionalmente alla consapevolezza che si ha di quanto se ne ha a disposizione rispetto all'eternità, ecco cosa manca alle attuali generazioni: il senso dell'eternità!

Il condannato a morte attribuisce ad ogni istante la massima importanza, ma anche noi persone comuni siamo in fondo dei condannati a morte, condanna alla quale non potremo sfuggire. La sentenza sarà eseguita senza preavviso, quando Dio lo riterrà più opportuno.

Domani sarà la volta di Efeso a centocinquanta chilometri da Denizli. Una strada dritta, due carreggiate, che scorre circondata da campi di cotone, la pianura fa risaltare i minareti disseminati nella vallata.

La strada è deserta, il caldo afoso, sul bordo della strada ci sono delle fontane per rinfrescare le auto, si passa sotto anche con tutta la moto, tanto dopo dieci minuti sarò asciutto. Tante risate e lo sguardo stupefatto degli spettatori anziani, seduti a bere il tè.

Selçuk è un centro molto trafficato ed importante, tutto il traffico per Izmir passa di qui che è anche lo svincolo per Kuşadasi ed Efeso.

Dopo aver visitato le antiche rovine di Efeso proseguo alla volta di Izmir per poi andare verso la località marittima di Ceşme.

La strada da Pamukkale a Selçuk

La Storia

"Wonderworld" degli Hurriah Heep, portano alla mente le case di Bornova (zona residenziale di Izmir), i pomeriggi caldi, il cammino nelle stradine lastricate con grandi pietre, costeggiate dai muri alti delle case degli europei stabilitisi in Turchia da secoli, come la mia famiglia, che era originaria di Firenze, discendente dalla famiglia Visdomini nel lontano 700, dove restarono fino al 13 Settembre 1260, quando i Ghibellini di Siena dopo la battaglia di Montaperti, ebbero il sopravvento a la famiglia per scampare alle persecuzioni, prima si mosse a Pisa, poi a Lucca, quindi Parma, dato che era guelfa.

Quindi per meriti militari ebbero degli incarichi di responsabilità in Sicilia sotto Federico II d'Aragona, dove restarono fino alla metà del 1600, quando emigrarono verso l'isola di Chios a causa delle sanguinose contese fra le fazioni dei Merli e dei Malvezzi.

Restarono nell'isola fino al 10 Aprile 1822, poi a causa delle devastazioni turche passarono a Smirne.

Le note della musica dei **Bee Gees con le canzoni "Massachussetts" e "I started a Joke"** agitano le emozioni dei ricordi, simili a quelle che ha un innamorato verso la sua amata, mi tornano alla mente i suoni dei colombi, il caldo torrido del primo pomeriggio, le strade deserte, l'odore delle case antiche che ricordano quelle di via col vento, con il pavimento in legno, a due piani, con gl'infissi verniciati di bianco lucido, la sensazione di pace e di tranquillità rispetto all'ansia angosciosa di Roma, erano un toccasana per tutto l'inverno. Molte di quelle case sono state distrutte per far posto alla città universitaria.

Potrei dire di avere tre nazionalità, forse quattro, la prima è Italiana, la cittadinanza romana è qualcosa di cui andare orgoglioso, la seconda è Inglese, perché l'Inghilterra è stata per me come una balia, severa, ma giusta e stabile, mi ha fatto crescere, mi ha aperto la mente verso la vera identità e dimensione del mondo.

L'Inghilterra mi ha disciplinato, come quando andando al lavoro sorpassai con la moto una coda infinita ferma al semaforo, e la prima macchina di chi era? Della Metropolitan Police, ovvio, così dopo un breve inseguimento e lampeggiamento di fari, fui fermato e la polizia con molta discrezione e cortesia mi chiese: "dove sta andando?" Io risposi: "al lavoro, lavoro in banca nella city", e il poliziotto: "di dov'è lei?" e io: "di Roma, Italia!" e il poliziotto: "lei sa che non si può sorpassare una coda oltre la doppia striscia? E per giunta a quella velocità?" e io risposi: "certo che lo so" con atteggiamento sottomesso e colpevole. Il poliziotto di nuovo: "Allora perché lo ha fatto?" non sapevo cosa rispondere, anche perché il poliziotto dopo la domanda restava in silenzio osservandomi, volevo sotterrarsi. Il poliziotto con sguardo severo, ma non troppo, mi disse: "Ora vive in Inghilterra, guidi all'Inglese, se non vuole passare dei guai! Questa volta passa, la prossima va dal Giudice". Sempre con cortesia e distacco salutò e mi lasciò andare senza multarmi.

La Turchia è il mio amore segreto, la terra che mantiene un legame fin dentro le viscere ed infine la Francia, perché il Francese è stata la lingua che ho sempre ascoltato, parlato, circoscritto all'ambito familiare, la lingua madre dei miei nonni, di mia madre e mio fratello, tanto che rimase storica una sua frase quando appena arrivato in Italia nel '58, disse nell'ascensore che marciava con le monete: "hai tu 5 piastre? Perché se tu non hai, io ho 5 piastre".

Mia nonna era una donna mite, molto cattolica, pacifica e rassicurante, che non amava le liti, le maldicenze o le discussioni, così per me ascoltare il Francese era fonte di sicurezza, perché non era l'Italiano, in Italiano andavo a scuola, in Italiano era morto mio padre, in Italiano erano gli atti giudiziari e i pignoramenti, le parolacce, gli insulti, l'odio politico, tutto era in Italiano.

Il Francese era riservato per il pranzo ogni domenica a casa dei nonni, era come se il cervello avesse trovato rifugio nel Francese, staccando la spina dai problemi quotidiani, i fumetti erano in francese, le visite dalla zia, anche se poi tutti i parenti passavano da una lingua all'altra senza problemi, con qualche intercalare greco.

♫ "Already gone"
Eagles
1974

So often times it happens that we live our lives in
chains
And we never even know we have the key

Così spesso accade che viviamo le nostre vite in catene
E neanche sappiamo di avere la chiave

♫ "A New Machine"
Pink Floyd
1987

I have always been here
I have always looked out from behind these eyes
It feels like more than a lifetime
Feels like more than a lifetime
Sometimes I get tired of the waiting
Sometimes I get tired of being in here
Is this the way that it's always been?
Could it ever have been different?
Do you ever get tired of the waiting?
Do you ever get tired of being in there?
Don't worry, nobody lives forever
Nobody lives forever

Sono sempre stato qui
Ho sempre guardato fuori da dietro questi occhi
Sembra più di una vita
Sembra più di una vita
A volte mi stanco dell'attesa
A volte mi stanco di stare qui dentro
È così che è sempre stato?
Potrebbe mai essere stato diverso?
Ti stanchi mai dell'attesa?
Ti stanchi mai di stare lì dentro?
Non preoccuparti, nessuno vive per sempre
Nessuno vive per sempre

♫ "Sometimes it snows in April"
Prince
1986

All good things, they say, never last
And love, it isn't love until it's past

Tutte le cose belle, si dice, non durano mai
E l'amore, non è amore finché non è passato

♫ **"Crazy love"**
Marracash
2021

Chi si immerge in un sogno ci annega
Ciò che cerchi ti troverà

♫ "Strada facendo"
Claudio Baglioni
1986

Strada facendo vedrai
Che non sei più da solo
Strada facendo troverai
Anche tu un gancio in mezzo al cielo
E sentirai la strada far battere il tuo cuore

♫ "Father and son"
Cat Stevens
1970

But take your time, think a lot
Why, think of everything you've got
For you will still be here tomorrow
But your dreams may not

Ma prenditi il tuo tempo, pensa molto
Perché, pensa a tutto quello che hai
Poiché tu sarai ancora qui domani
Ma i tuoi sogni potrebbero non esserci più

♫"Aerosmith"
(Morgan James cover)
Dream on
1973

Every time that I look in the mirror
All these lines on my face getting clearer
The past is gone
It went by like dusk to dawn

Ogni volta che mi guardo allo specchio
Tutte queste rughe sulla mia faccia son più nitide
Il passato è andato
Passò come il tramonto all'alba

♪"Pink Floyd"
A New Machine (Part 1)
1987

I have always been here
I have always looked out from behind these eyes
It feels like more than a lifetime
Feels like more than a lifetime
Sometimes I get tired of the waiting
Sometimes I get tired of being in here
Is this the way it has always been?
Could it ever have been different?
Do you ever get tired of the waiting?
Do you ever get tired of being in there?
Don't worry, nobody lives forever
Nobody lives forever

Sono sempre stato qui
Ho sempre guardato fuori da dietro questi occhi
Sembra più di una vita
Sembra più di una vita
A volte mi stanco dell'attesa
A volte mi stanco di essere qui
È sempre stato così?
Potrebbe mai essere stato diverso?
Ti stanchi mai dell'attesa?
Ti stanchi mai di essere qui?
Non preoccuparti, nessuno vive per sempre
Nessuno vive per sempre

Vita apparente

"Space Oddity" David Bowie - "Selling England by the pound" Genesis, l'adolescenza sofferta degli anni '70, perché assediati dal non essere "all'altezza", bisognava essere come gli altri, ma al tempo stesso diversi, il culto dell'aspetto fisico, talvolta trasandato, incurante, altre volte strettamente legato alla marca e al modello che la "comunità" imponeva.

Nell' ambiente di sinistra bisognava avere la "borsa di Tolfa", possibilmente scarabocchiata, maglioni larghi, canne a volontà, scarpe da ginnastica.

A destra era molto più costoso, le scarpe di Cervone o i Camperos di El Charro, occhiali da sole Ray Ban, meglio se a specchio, oppure i Rossignol con la montatura di plastica colorata e le lenti sempre a specchio, il Vespone, possibilmente bianco, in alternativa blu, i più ribelli toglievano i laterali, cosiddette "chiappe", lasciando scoperto l'alloggiamento per la gomma di scorta e il motore, la "mossa" poteva costare cara in caso di pioggia torrenziale, perché si bagnava la candela e il vespone si spegneva.

A sinistra bisognava avere l'eskimo, tassativamente verde e preso in Via Sannio a San Giovanni, a destra era di rigore il cappotto Loden, verde, blu oppure grigio, le ragazze dovevano avere la gonna blu plissè, con le scarpe di Cervone o Santini e Dominici, i collant blu.

Il bisogno di omologazione, da un lato proteggeva dalle proprie insicurezze, dall'altro era necessario, dato che se qualcuno voleva innalzarsi all'interno di un gruppo, prima di tutto doveva farne parte.

I movimenti politici erano purtroppo ridotti in sostanza ad atteggiamenti, durante le assemblee a scuola, i collettivi, le riunioni del "nucleo politico", i discorsi contenevano sempre le stesse componenti: odio per l'avversario, esaltazione dei propri valori ed ideali, magari di qualche figura che a sinistra era Marx, oppure il "Che" o Fidel Castro. O Chi Min andava molto di moda, ci mancava che qualche idiota esaltasse pure Pol Pot.

A destra la questione era simile, tutto era basato su atteggiamenti nostalgici del Fascismo e qualcuno si rifaceva anche al Nazismo, all'odio verso gli Ebrei ed i Comunisti.

Quelli che parlavano erano sempre gli stessi, dicevano sempre le stesse cose e guai a contraddirli. Mancando la sostanza di un vero disegno politico, di un progetto con una strategia definita, la conseguenza logica era che le azioni definite politiche avevano sempre un carattere violento, i discorsi erano atti a valorizzare e pavoneggiare chi li teneva, cercando di riscuotere l'approvazione di chi ascoltava, magari citando massime e slogan rubacchiati a destra e a sinistra.

La politica giovanile aveva uno scarsissimo contatto con la politica ufficiale, di fatto i gruppi più attivi portavano avanti una logica ripiegata su sè stessa, nessuno aveva mai considerato di procedere secondo un'ottica parlamentare.

Le mode d'allora non sono poi così cambiate oggi, a sciare bisognava per forza andare a Cervinia, oppure a Cortina, al mare a Porto Santo Stefano, oppure a Porto Cervo in Sardegna in Costa Smeralda. Nel gruppo per smitizzare i luoghi comuni si definivano i "cervi" quelli che si omologavano perfettamente al cliché richiesto, dato che avevano le scarpe di Cervone, andavano a Cervinia e Porto Cervo (ma non provenivano da Cerveteri).

Esistevano personaggi che impossibilitati economicamente dal poter seguire la moda, s'imboscavano una settimana a casa della nonna, per poi tornare al Bar Euclide o da Vanni vicino alla RAI di Viale Mazzini e vantarsi della vacanza meravigliosa.

La superficialità dei rapporti e l'accecamento riguardo alla sostanza dei valori umani, rendeva a turno i ragazzi paranoici, chi perché riteneva di essere grasso, chi perché non era sufficientemente alto o muscoloso, forse oggi, nell'epoca dell'apparenza e dell'immagine, gli aspetti prettamente superficiali sono ancora più amplificati, a causa delle mode che i media lasciano intendere.

Le nuove generazioni sono ammaliate da ciò che la gente reputa essere "il mondo dello spettacolo".

Superficialmente appare compatto, un tutt'uno, ma nella sostanza non esiste un blocco granitico e omologato al riguardo, esistono aziende, imprese teatrali, dove ognuna ha determinate esigenze, ha bisogno di persone che svolgano un certo lavoro, che deve essere fatto in modo più che perfetto, il che significa una padronanza del mestiere totale, significa studiare, prove su prove, significa "guardare la palla", senza badare al risultato se non alla fine, quando è il momento.

Esiste però un mondo, un ambiente che rotea attorno ai personaggi dello spettacolo, alle persone famose, sono quelli che ne scimmiottano gli atteggiamenti, compaiono nei luoghi di villeggiatura, si vestono come i "VIP" ritratti sui giornali o in TV, sono persone anonime che vivono in funzione del "far credere agli altri", attraverso la macchina, la barca, la casa, i ristoranti e le discoteche.

Nella società del "tutto e subito" la mancanza di capacità di analisi porta le persone a guardare ai risultati senza considerare ciò che si debba fare per raggiungerli. Senza parlare de fatto che nel nostro paese siamo abituati ad ascoltare discorsi con i quali la classe dirigente, che non ha un progetto, così come non lo avevano nel 70 e negli anni '80, si vanta delle intenzioni che quasi mai si trasformano in fatti concreti.

Colonna Sonora

La musica durante il corso della vita crea una colonna sonora che va disegnandosi giorno dopo giorno.

Le canzoni, spesso inutilmente, tentano di colmare quel vuoto che ha stimolato a ricercare l'ascolto di quel brano, che comunque insistiamo ad ascoltare, quasi che avesse un potere lenitivo verso il dolore, l'ansia o la mancanza di qualcuno o qualcosa.

Ho pensato di raccogliere la musica menzionata nel racconto e citare anche i brani che hanno caratterizzato l'ascolto dopo la fine della storia, quelli che spesso ho messo "a palla", specialmente durante il "Lock Down", giornate spesso soleggiate con le strade e i quartieri deserti e potevo sbizzarrirmi con la musica.

Le canzoni non sono tutte frutto di mie scelte, ma sono menzionate le musiche che hanno permeato i pensieri, le emozioni, i sentimenti del periodo, come per esempio la musica di Fedez e Gemitaiz che hanno caratterizzato il sottofondo (neanche poi tanto sotto) dei centri estivi del mio centro sportivo. Che alla fine mi sono entrate in testa, volente o nolente.

E' mia intenzione rendere disponibile la playlist attraverso il mio canale Youtube, dedicata a tutti coloro che amerebbero ascoltare la sequenza senza difficoltà.

La prima parte sono le canzoni menzionate, mentre la seconda parte sono quelle che mi hanno tenuto compagnia quando ne avevo bisogno e le ho ascoltate in solitudine e insieme agli amici che frequentano la mia casa.

Infine l'ultima canzone, quella di Beyoncé, ricalca perfettamente le mie emozioni di fronte alla morte di mia sorella Claudia, un evento che mi ha strappato il cuore.

Di seguito sono riportate le canzoni elencate nel libro "Distillato d'amore" dove il ruolo della musica è avvolgente per tutta la storia, determinante per descrivere le atmosfere e sensazioni.

Titolo canzone	Autore
Stay The load out	Jackson Browne
Don't be sad	Brad Mehldau
Penny Lane	Beatles
White Rabbit	Jefferson Airplane
Lodi	CCR
Green River	CCR
Here comes the sun	Beatles
Octopus's garden	Beatles
Se telefonando	Mina
Sono come tu mi vuoi	Mina
Il mio canto libero	Battisti
Fernando	Abba
Cosa sarà	Lucio Dalla
Strada facendo	Baglioni
Wonderworld	Uriah Heep
Sledgehammer	Peter Gabriel
Outlaw man	Eagles
Estasi dell'oro	Morricone
Take it easy	Eagles
Already gone	Eagles
Please Mr Postman	Carpenters
The Midnight Special	John Fogerty
Original of the species	U2
Nobody does it better	Carly Simon
Lost	Bublè
Your song	Elton John
Rockn'roll suicide	David Bowie
Un minuto è lungo	Mina
Time	Pink Floyd
My way	Frank Sinatra
While my guitar gently weeps	Eric Clapton e Peter Frampton
Long winding road	Beatles
Quando finisce un amore	Cocciante

La Notte	Arisa
Dream on	Aerosmith
Say the Words	Morgan James
Making up for lost love	Morgan James
Love is a losing game	Amy Winehouse
Canzoni post 18/11/18	------------------------------------
Brown eyed girl	Jimmy Buffett
Sara	Fleetwood mac
Feel it steel	Portugal the man
Waiting on a sunny day	Bruce Springsteen
Gasoline	Sheril Crow
Gimme shelter	Rolling stones
You've got a friend	Sheril Crow
Coming in and out of your life	Barbara Streisand
Give me one reason	Tracy Chapman E.Clapton
Hound dog	Tracy Chapman E.Clapton
Maggie May	Rod Stewart
I don't want to talk about it	Rod Stewart
Reason to believe	Rod Stewart
I will be there	Katie Melua
Ladies of soul 2017	Ladies of soul
Can't let go	Brian Ferry
If there is something	Brian Ferry
Call me the breeze	JJCale Clapton
Slave to love	Brian Ferry
Mille	Fedez
Senza di Me	Gemitaiz
I was here (dedicato a Claudia)	Beyoncé

Original of the species

Se c'è una canzone che suscita emozioni è "Original of the species" degli U2.

Le parole raccontano di emozioni intense, le note trascinano in un vortice emotivo che coinvolge tutti i sensi.

L'abbiamo ascoltata più volte, spesso da soli pensando uno all'altra, diverse volte insieme.

Le note di questa canzone smuovono con forza le emozioni e il desiderio di stare insieme, in moto, in vespa, lungo il fiume, in camera, in cucina, nel parco, al ristorante, in auto, non ha importanza, purché sia insieme, in silenzio, parlando, seduti, in piedi, non importa.

Purché insieme.

Ed ora mi ritrovo a trascorrere il mio tempo in solitudine, con queste note che fanno salire il ricordo e le emozioni con il cuore diviso in due, perché solo in questo caso, le note non mi parlano solo di te.

♫ **Original of the species**
U2
2004

I want the lot of what you got
And I want nothing that you're not

Voglio ciò che hai
Nulla di ciò che non sei

The End Is not as fun as the start
(La fine non è divertente come l'inizio −U2)

The End Is not as fun as the start.
Dopo cinque anni la mente fa strani scherzi.
Quando si proietta in avanti nel tempo non riesce a
credere che non saremo insieme.
Eppure questa è la nuova condizione della realtà.
La verità è che la storia d'amore è finita.

Non sarà mai più come prima
Non ci sarà mai più quello sguardo complice
Non ci sarà mai più quel sentimento di appartenenza
l'uno all'altra e viceversa

le parole, i discorsi, le emozioni si sono dissolti
I pensieri espressi sottovoce che ti facevano dire:
"tu hai qualcosa!"
Come il vapore dell'acqua che quando incontra il sole
evapora, lasciando solo un alone nella memoria.

Il conforto ha svolto il suo compito, ti ha reso, forse,
più forte, scopriremo se questa forza che pensi di
avere era solo un dono e prima o poi svanirà.

Non so se il cammino solitario ti sazierà
Non so se prevarrà il sapore amaro
Non so se i polpastrelli saranno tristi
Non so se incrocerai un altro sguardo che ti mostrerà
le emozioni che scorrono sul foglio

Il mio passo solitario e taciturno, sospinto dalla riflessione sul perché un sogno si sia trasformato in incubo, procede sul sentiero impervio della vita.

La mente gioca strani scherzi, scivola sugli elementi della vita, nell'attesa del sogno che non arriva a compimento.

Mi domando se sia meglio non provare amore, emozioni, oppure portare in se il peso di essere innamorati senza essere corrisposti, soffrendo molto ma sentendosi profondamente vivi, però, non so, fosse questo, il killer dei neuroni ?

Solo la musica riesce veicolare il profondo dolore, quella profonda sofferenza, che proviene dalla consapevolezza di non essere desiderati dalla persona amata, la mente così immersa nelle emozioni soffocanti vivrebbe il silenzio come un laccio asfissiante, solo la musica riesce a incrinare il muro che impedisce di respirare, sottilmente, talvolta anche attraverso il pianto, la rabbia, il respiro profondo, guida verso la liberazione da quella pressione che solo chi ha amato senza essere ricambiato conosce.

Penso che Dio consenta di vivere la realtà di amare senza corrisposti, affinché possiamo immedesimarci in Lui, che ci ama in modo perfetto, anche se spesso trascorriamo tutta la vita senza riconoscere la Sua esistenza, ignorando la grandezza del Suo piano e della creazione.

Eagles

Il gruppo americano che solo del disco "Greatest Hits 1971-1975" ha venduto più di 50 milioni di dischi è uno di quei rari gruppi che hanno prodotto degli album nei quali tutte le canzoni sono belle, è anche uno dei più longevi, visto che pause a parte, oggi sono ancora in attività, da quando si sono costituiti nel 1971.

La musica degli Eagles accende immediatamente nella mente degli scenari del passato dai sapori forti, intensi. Stimola le emozioni a rincorrere i pensieri che a loro volta prendono forma attivati dalle note di melodie ascoltate tante volte. La musica degli Eagles è come carburante per il nostro corpo, generatore di emozioni. Posso dire che le prime canzoni come **"Take it easy"**, **"Train Leaves Here This Morning", "Earlybird" e "Peaceful Easy Feeling"**, hanno accompagnato gli anni delle scuole Medie, delle superiori, specialmente nei giorni in cui preparavo l'esame di Maturità, ma anche dopo, specialmente dopo l'avvento del Walkman della Sony prodotto dal 1979 al 2010 e venduto 385 milioni di pezzi, conciliava l'ascolto di questa musica che si adattava benissimo alla solitudine e alle pene d'amore. La musica degli Eagles la definirei particolarmente intima, perché a differenza di molta altra musica si ascolta e si è ascoltata poco per radio, a parte forse, **"Hotel California"**, perciò per ascoltarla si metteva sul giradischi il disco o la cassetta nel Walkman.

In particolare, **"Desperado"** cullava i pensieri rivolti a quella ragazza che con tanta semplicità aveva strappato il nostro cuore. Mentre **"Outlaw man"** accompagnava il passaggio dalla prima alla seconda marcia della Moto stabilmente su una ruota.

♫ Take it Easy
Eagles
1972

We may lose and we may win
Though we will never be here again

Potremmo perdere e potremmo vincere
sebbene non saremo più qui

♫ **Peaceful Easy Feeling**
Eagles
1972

I found out a long time ago what a woman could do to your Soul.

Ho scoperto molto tempo fa cosa può fare una Donna alla tua Anima

Mi tiene compagnia

Le note di **"Sara" di Fleetwood Mac** si diffondono ripetutamente, sembra ci sia una cadenza regolare con la quale è ascoltata la bella canzone americana, tentando di consolare il cuore ferito, i pensieri volano ai momenti trascorsi insieme, un respiro profondo non allontana il dolore che accompagna il cammino ormai solitario.

Cerco di attingere energia a canzoni come **"It's no good" di Depeche Mode e "Baby I love you" di Aretha Franklin, "Waitin' On A Sunny Day" di Bruce Springsteen**, la piscina è tiepida e il sole splende, mi tengono compagnia amici vecchi e nuovi, rispolvero anche la musica Jazz di **Ramsey Lewis con "In the Crowd"** un pezzo dal ritmo incredibile, come anche **"Song For My Father"** alcuni brani di **"Upendo Ni Pamoja"**, certo la Musica non è risolutrice quando stai soffrendo per qualcosa, però soffre insieme a te, accompagna i pensieri, le sensazioni e le emozioni, consola in modo garbato, tenendo compagnia pacatamente e in modo discreto, come farebbe una vecchia amica. Altre volte ti dà la carica come sulle note di **"Feelin' Alright"** Joe Cocker e **"Chain of Fools"** di Aretha Franklin.

Uragano

E poi l'uragano ti coglie di sorpresa, devi uscire dal campo, e ti accorgi che la tempesta è dentro te, il gioco continua regolarmente, le squadre come di consueto continuano a proporre il proprio gioco, ora in difesa, ora in attacco, ma tu sei fuori, spettatore e mai più convocato, devi prendere atto che il tuo tempo è finito, eppure senti di voler giocare ancora, ti senti di poter giocare, ma le gambe non rispondono e le emozioni naufragano fra le note cantate da **Irama in "Ovunque sarai"** accompagnando i giorni senza comprensione, con **Ed Sheeran che canta "Shivers"** e il ritmo dei **Maroon 5 con "Lovesick"** non sono sufficienti a cacciar via la tristezza per l'addio prematuro al gioco della vita. La partita è ancora in atto, anche se la mia volge al termine prematuramente, per mancanza di forze, mi rattrista congedarmi dagli amici, la famiglia, lasciare te che mi vuoi bene.

I Pensieri dell'amarezza si fanno largo, stabilendo un loro monopolio nelle caratteristiche del loro flusso, imponendo alle emozioni la direzione da prendere.

Lamentarsi non è il male assoluto, quello è il "non lamentarsi", poiché in tal caso vuol dire che sei morto.

Non è finita però! *"Meglio un cane vivo che un leone morto"* (Ecclesiaste 9, 4) Poi una musica semplice di **Camila Cabello e Ed Sheeran "Bam Bam"** aziona come uno scambio sul binario che vorrebbe portarti alla depressione.

C'è ancora molto da fare per l'opera del Signore in questo luogo, a questo proposito ho scritto un piccolo libro, una trentina di pagine, dal titolo: "**Gira la chiave**" che s'ispira alle parole "Viviamo la nostra vita in catene senza sapere di avere la chiave (*we live our lives in chains and we never even know we have the key*)" della canzone degli **Eagles "Alrady Gone"** .La presenza della Fede in Cristo nei miei pensieri fa la differenza per cominciare a lottare centimetro per centimetro, muscolo per muscolo, tendine per tendine, senza strafare, misurando le forze, perché in una situazione degenerativa neurologica, restare senza forze apre la strada a ciò che danneggia le cellule.

Dopo un primo momento di disorientamento, di stordimento, di confusione, ho capito che i farmaci vanno presi con precisione, e che il movimento è il farmaco più potente, come pure tenere viva la mente.

Ci sono quotidianamente delle nuove sconfitte che caratterizzano questi giorni, come procedere, camminare, e doversi fermare appoggiandosi a una ringhiera, a un muretto, a una sbarra, per potersi raddrizzare. Inventare ogni tanto la combinazione della cintura lombare, col correttore posturale, chiedendo a un amico tappezziere di cucirmi spezzoni di velcro e fare giunte per agevolare il "montaggio", per personalizzare al massimo la trazione delle cinghie, per assumere il più possibile una postura retta.

Quando mi esercito a tenere la schiena dritta tirando indietro le spalle, per ridere faccio il bullo, il coatto romano, con frasi tipiche come: *"'hai guardato? Perché m'hai guardato? Che c'hai da guardà? Che sei de fero? No! Allora er piombo passa!"*

Radio

La Radio ha sempre avuto un ruolo nella vita musicale, il 28 luglio 1976, inizia l'era delle radio libere una sentenza della Corte Costituzionale sancisce la legittimità delle trasmissioni radiofoniche private, purché a diffusione locale. E' la fine del monopolio della radio di Stato. L'Italia vede fiorire centinaia di nuove emittenti.

Anche noi avevamo la nostra radio privata grazie all'amico Vieri, la New City Sound, a casa sua aveva allestito una sala radio di tutto punto. Molti dei pezzi elettronici furono costruiti proprio da lui.

In particolare i miei amici Daniele e Claudio erano i più attivi nelle trasmissioni che andavano avanti tutta la notte partendo dalla sera, era fortissimo vedere le richieste di dedica dei negozianti e delle persone che abitavano in zona, si respirava un'aria di novità, Claudio in particolare aveva un modo di fare che ricordava molto Alberto Sordi, le sue battute erano fenomenali, passavamo ore e ore davanti al baretto a chiacchierare e di un episodio più banale col suo estro nel raccontarlo ci ammazzavamo dalle risate, sicuramente se avesse proseguito ne avrebbe potuto fare una carriera di successo

Di seguito i testi che descrivono le trasmissioni radiofoniche sono prese dal Web.

Bandiera gialla è stata una trasmissione radiofonica italiana andata in onda nella seconda metà degli anni sessanta sul Secondo Programma Rai (la prima trasmissione si ebbe il 16 ottobre 1965, ultima il 9 maggio 1970). Era dedicata alle novità mondiali della musica e destinata a un pubblico giovanile. A condurla erano Gianni Boncompagni e Renzo Arbore.

"La prima ideazione del programma è di Boncompagni, che propose il titolo Sound ("suono" in inglese), richiamando le origini angloamericane della musica giovane allora all'avanguardia. La dirigenza RAI, nella persona di Luciano Rispoli[1], pensò di chiamarlo Bandiera gialla collegando tali generi musicali, all'epoca ancora pressoché banditi dalla radio italiana, al simbolo della quarantena per epidemia, appunto la bandiera gialla. Così il maestro Giulio Razzi, all'epoca direttore della Radio, accordò il consenso alla messa in onda. La trasmissione andava in onda il sabato pomeriggio alle 17:40; veniva registrata nei giorni precedenti negli studi di via Asiago a Roma.

Ogni puntata presentava dodici canzoni, pubblicate di recente o ancora inedite sul mercato italiano. Venivano presentate tre alla volta e il pubblico - composto tutto da ragazzi - era chiamato a votare la migliore di ciascuna terna tramite delle bandierine gialle.

Le quattro canzoni rimanenti andavano in finale. Il brano vincitore assoluto veniva proclamato Disco giallo.

Il pubblico era composto da 40 adolescenti, di cui i tre quarti erano ospiti fissi, selezionati fra i frequentatori della discoteca romana Piper Club e alcuni figli di dirigenti RAI; i rimanenti erano scelti di volta in volta tra gli aspiranti che si presentavano agli studi. Si trattava di un pubblico selezionato: i ragazzi non erano spettatori passivi, ma erano essi stessi i protagonisti dell'animazione gridando, cantando, e sebbene si trattasse di programma radiofonico, abbigliandosi alla moda beat e ballando. Alcuni dei ragazzi erano anche personaggi noti o lo divennero successivamente: Mita Medici, Giuliana Valci, Renato Zero, Loredana Bertè, Giancarlo Magalli, Valeria Ciangottini, Donatella Turri, Roberto D'Agostino, Carla Vistarini." (Wikipedia)

Supersonic

Nel 1972/73, alle nove di sera o giù di lì, alla radio trasmettevano un programma "Supersonic, dischi a mach 2".

A quei tempi era tra le più seguite, se volevamo stare al passo con le ultime uscite discografiche straniere ... Supersonic, infatti, era l'unica trasmissione radiofonica con Alto Gradimento che trasmetteva musica Rock: Suzie Quatro, Gary Glitter, Doobie Brothers, Deep Purple, Nazareth, e via dicendo.

Il programma era stato inventato dal compianto Tullio Grazzini ed era presentato da annunciatori radiofonici "con licenza di condurre": Piero Bernacchi, Gigi Marziali, Paolo Francisci (oggi giornalista), Antonio de Robertis, Paolo Testa (oggi al Cciss-Viaggiare informati e per anni voce ufficiale di RadioRAI).

La sigla era "In-a-gadda-da-vida" degli Iron Butterfly (tra l'altro ripresa nel celebre spot del Brandy Rene Briand con Yul Brinner nelle vesti dell'uomo che non deve chiedere mai), e la voce della sigla era quella di un altro annunciatore, che purtroppo non c'è più: Luciano Alto. Le scelte musicali erano di Tonino

Ruscitto e Massimo Lazzari. Famosi anche i concerti dal vivo realizzati negli auditori Rai di Torino e Roma; c'erano tutti: Dalla, De Gregori, Venditti, Battisti (che si lasciò anche intervistare).

E il pubblico giovane chiedeva gli autografi a loro ma anche ai conduttori, che avevano qualifica e stipendio da annunciatore, ma erano diventati dei divi. Questo programma era una piccola perla nel suo genere, apprezzato da molti, anche perché, costituiva una valida alternativa alla noia dei programmi televisivi.

Dopo Supersonic andava in onda un altro programma musicale intitolato "Pop off" e adatto ad un pubblico più impegnato. Per noi, allora bambini, era una vera rottura. (https://www.animamia.net/il-programma-radiofonico-supersonic)

Per voi giovani è stata una trasmissione radiofonica di musica rock e pop trasmessa da Radio Rai a partire dal 1966 e fino al 1976.

In un'epoca in cui il monopolio della Rai era pressoché totale, si è contraddistinta come una delle poche trasmissioni che hanno fatto conoscere ai giovani di allora la musica rock straniera, soprattutto di genere progressive, ma anche gruppi o cantanti italiani che non venivano altrimenti trasmessi. Al riguardo, vanno comunque ricordate anche la precedente Bandiera gialla, la più "commerciale" Supersonic, Alto gradimento e Pop Off (Wikipedia)

Alto Gradimento

Ricordo ancora come fosse ieri le corse che facevo da scula per tornare a casa, accendere la radio per sentire Alto Gradimento sia alle Medie che alle superiori.

Alto gradimento è stata una trasmissione radiofonica ideata da Gianni Boncompagni, Renzo Arbore, Giorgio Bracardi e Mario Marenco, andata in onda negli anni settanta sul secondo programma radio della RAI. Tra i collaboratori che prestarono la loro voce e le loro invenzioni per i tanti personaggi creati dalla trasmissione figurano Mario Marenco, i fratelli Giorgio e Franco Bracardi, Marcello Casco ed altri.

La prima puntata della prima serie fu trasmessa il 7 luglio 1970 ed il programma proseguì a più riprese fino al 2 ottobre 1976. Andava in onda dal lunedì al venerdì, dalle 12.30 alle 13.30.

Una seconda serie fu trasmessa, sempre su Radio 2, dal 2 gennaio 1979 al 30 settembre 1980, il martedì, giovedì e il sabato dalle 12.45 alle 13.30 e la domenica dalle 11 alle 12.

La trasmissione venne infine brevemente riproposta nel 1998, in ventisette puntate.

Ogni puntata era caratterizzata dalla totale assenza di un filo logico, con frequenti interruzioni dei brani musicali, battute varie e ricorrenti interventi surreali, nonsense e demenziali di ogni genere. La sigla musicale di apertura e chiusura era un medley di 3 successi rock and roll USA, ovvero Rock Around the Clock, See You Later Alligator, e Hound Dog, arrangiato per big band da James Last. Anch'essa era inframmezzata dagli interventi dei due conduttori e dalle voci dei vari personaggi.

Le gag erano spesso improvvisate su un canovaccio: i personaggi, ideati ed interpretati principalmente da Giorgio Bracardi e Mario Marenco, interagivano con i due conduttori i quali fungevano da spalla e lasciavano spazio all'invenzione estemporanea del comico di turno. Erano impiegati effetti sonori registrati come ad esempio il rumore di una porta che si apre e si chiude a simulare l'improvvisa intrusione dei personaggi nello studio o lo squillo di un telefono, con analoga funzione.

Agli interventi si aggiungevano frequentemente anche voci registrate di noti personaggi dello spettacolo o della politica (Amintore Fanfani, Mike Bongiorno, Vittorio De Sica, Sophia Loren, Marcello Mastroianni, etc.) cui veniva solitamente fatta ripetere una singola frase a tormentone, quasi sempre accompagnati dall'apertura e chiusura della porta. Fra una gag e l'altra venivano programmati successi di musica pop italiana ed internazionale.

https://wikideck.com/it/Alto_gradimento

Si parla di ...

#	Titolo	Gruppo/ Artista
	Sanctify yourself	Simple Minds
	2019 Soul Medley	Ladies of Soul
	21st-century men	ELO
	Alive and kicking	Simple Minds
	Avalon	Roxy Music
	Azzurro	Celentano
	Band on the run	Paul Mc Cartney
	Beatles disco mix	Café crème
	Blue eyes	Elton John
	Listen to the Music	Doobie Brothers
	Feelin' Alright	Joe Cocker
	Chain of Fools	Aretha Franklin
	Carpet of the sun	Renaissance
	Centro di gravità permanente	Battiato
	Change	Tears for Fears
	Città vuota	Mina
	Confusion	ELO
	Cosa Sarà	Lucio Dalla
	Country way of life	George McAntony
	Daniel	Elton John
	Domani è un altro giorno	Ornella Vanoni
	Don't you forget about me	Simple Minds
	Dooling dalton	Eagles
	Dreams	Fleetwood Mac
	Ehi ehi Helen	Abba
	Every Breath You Take	Karen Souza
	Father & son	Cat Stevens
	Feel It Still	Portugal The Man
	Fernando	Abba
	Give me the night	George Benson
	Green Green grass of home	Tom Jones
	Hart of gold	Neil Young
	Heartbreaker	Dionne Warwick
	Heroes	David Bowie
	Hold On I'm Coming	The Lost Grooves
	I want to break free	Queen
	If there is something	Roxy Music
	Il buono il brutto il cattivo	Morricone
	Il mondo	Jimmy Fontana
	Into the groove	Madonna

	It must be love	Madness – Labi Siffre
	It's a hard life	Queen
	La canzone del sole	Battisti
	La donna cannone	De Gregori
	Last train to London	ELO
	Lay Lady lay	Bob Dylan
	Le Freak	Chic
	Live to tell	Madonna
	Living In Another World	Talk Talk
	Lodi	Creedence Clearwater Revival
	Love is Together	Ramsey Lewis Trio
	Love you inside out	Bee Gees
	Lovestick	Maroon 5
	Madworld	Tears for Fears
	Maggies Farm	Bob Dylan
	Massachusetts	Bee Gees
	More	Tom Jones
	Morning has Broken	Cat Stevens
	Mr Postman medley	Ladies of soul
	New Year's day	U2
	One of these nights	Eagles
	Only when I sleep	Coors
	Pale shelter	Tears for Fears
	Peaceful easy feeling	Eagles
	Pyramid	Alan Parson Project
	Quando finisce un amore	Cocciante
	Respect	Aretha Franklin
	Rosanna	Nino Buonocore
	Sara	Fleetwood Mac
	Saturday Night's alright for fighting	Elton John
	Save a prayer	Duran Duran
	Selling England by the Pound	Genesis
	Sentimento nuevo	Battiato
	Senza di me	Oxa
	Shout	Tears for Fears
	Sittin' on the Dock of the Bay	Sara Bareilles
	Smoke in the water	Deep Purple
	Song for Guy	Elton John
	Sono come tu mi vuoi	Mina
	Space Oddity	David Bowie
	Stairway to heaven	Led Zeppelin
	Start me Up	Rolling stones
	Stuck inside of Mobile with the..	Bob Dylan

	Sugar Sugarin my life	John Fogerty
	Sultans of swing	Dire Straits
	Susie Q	Creedence Clearwater Revival
	sympathy for the Devil	Rolling stones
	Take it easy	Eagles
	Take it to the moon	ELO
	Tarkus	Emerson Lake and Palmer
	Telegraph road	Dire Straits
	The 'In' Crowd	Ramsey Lewis Trio
	The Midnight Special	John Fogerty
	The Name of the game	Abba
	The Original of the species	U2
	The river	Bruce Springsteen
	The show must go on	Queen
	The Unforgettable Fire	U2
	The Wall	Pink Floyd
	The Way life she meant to be	ELO
	Theme from shaft	Isaac Hayes
	Train leaves This morning	Eagles
	Una storia importante	Ramazzotti
	Under pressure	David Bowie - Queen
	wade in the water	The Spirituals
	We are family	Sister Sledge
	We belong	Pat Benatar
	Wild World	Cat Stevens
	You are the first the last my everything	Barry White
	Your song	Elton John
0001	California dreaming	Mamas and Papas
0002	House of the rising sun	Animals
0003	Good Vibration	Beach Boys
0004	heard it through the grapevine	CCR
0005	Changes	David **Bowie**
0006	Life on Mars	David Bowie
0007	Harvest	Neil Young
0008	La canzone del sole	Battisti
0009	Crocodile Rock	Elton John
0010	Smoke in the water	Deep Purple
0011	Aladin Sane	David Bowie
0012	Pazza idea	Patty Pravo
0013	Dancing with the Moonlit Knight	Genesis
0014	Time	Pink Floyd
0015	Wonderworld	Uriah Heep
0016	Hey Hey Helen	Abba

0017	Show me the way	Peter Frampton
0018	Baby I love your way	Peter Frampton
0019	SOS	Abba
0020	La serie dei numeri	Branduardi
0021	Un giorno credi	Edoardo Bennato
0022	Desperado	Eagles
0023	One of these night	Eagles
0024	Machine gun	Commodores
0025	Stuck Inside of Mobile with the Memphis Blues Again	Bob Dylan
0026	Maggie's farm	Bob Dylan
0027	Fire on high	ELO
0028	Evil Woman	ELO
0029	Hotel California	Eagles
0030	September	Heart wind & fire
0031	Cup of wonder	Jethro Tull
0032	Attitude Dancing	Carly Simon
0033	Una donna per amico	Lucio Battisti
0034	Love You inside out	Bee GeeTragedy
0035	One more river	Alan Parsons Project
0036	Stay	Jackson Brown
0037	Georgy Porgy	Toto
0039	Don't stand so close to me	Police
0038	DE DO DO DO, DE DA DA	The Police
0040	Same old scene	Roxy Music
0041	Strada facendo	Baglioni
0042	Tunnel of love	Dire Straits
0043	Xanadu	Olivia Newton-John
0044	Guilty	Barbara Streisand
0045	Pescatore	Pierangelo Bertoli
0046	I'll be Lovi\ng You	MTB
0047	Can't you see	MTB
0048	Lay Lady Lay	Bob Dylan
0049	Romancers	Joan Armatrading
0050	I Wanna Hold you	Joan Armatrading
0051	Wired for sound	Cliff Richard
0052	Physical	Olivia Newton-John
0053	It must be love	Madness
0054	Train leaves here tomorrow	Eagles
0055	Point Blank	Bruce Springsteen
0056	Is there anybody out there	Pink Floyd
0057	Eye in the sky	Alan Parsons Project
0058	All of my heart	ABC
0059	Pulcinella	Rondò Venziano

0060	Overkill	Men at work
0061	Oh to be in love	Kate Bush
0062	The name of the game	Abba
0063	Sign of the time	The belle stars
0064	Family Man	Daryl Hall & John Oates
0065	Temptation	Heaven 17
0066	Rosanna	Toto
0067	Our Lips are sealed	Fun boy three
0068	Watch me bleed	Tear for fears
0069	Guarirò	Mia Martini
0070	HiFi	Anna Oxa
0071	Here Comes the Rain Again	Euritmic
0072	La donna cannone	De Gregori
0073	I won't let the sun go down	Nik Kershaw
0074	99 Luftballoons	Nena
0075	Swept away	Diana Ross
0076	The boys of summer	Don Henley

Canzoni significative per Anno

Anno	Autore e Titolo	Autore e Titolo
1965	The Supremes Come see about me	The Beatles Day Tripper
1966	Mina Se Telefonando	Mina Breve amore
	Luigi Tenco - un giorno dopo l'altro	Simon & Garfunkel The Sound of Silence
	The Beach Boys Barbara Ann	Bobby Hebb Sunny
1967	The Beatles - Penny Lane	A Whiter Shade Of Pale - Procol Harum
	Brown Eyed Girl Van Morrison	The Turtles Happy Together
	The Doors Light my fire	Aretha Franklin Respect
1968	Celentano Azzurro	Rain and tears - Aphrodite's Child
	Applausi - I Camaleonti	Otis Redding Sittin'on The Dock of the Bay
	Luis Armstrong What a Wonderful World	Rolling Stones Jumpin' Jack Flash
1969	Neil Diamond - Sweet Caroline	Tutta mia la città - Equipe 84
	Acqua azzurra, acqua chiara - Lucio Battisti	Eloise - Barry Ryan
1970	Come together – The Beatles	ELP Tank
	Cat Stevens Wild World	B.J.Thomas Raindrops Keep Falling on my Head
	Shocking Blue Venus	Simon & Garfunkel Bridge Over Troubled Waters
	Three Dog Night Mama Told Me (Not to come)	Neil Diamond Cracklin' Rose
1971	Jethro Tull Aqualung	ELP Tarkus
	Pink Floyd Echoes	CC Revival - Have You Ever Seen The Rain
1972	Neil Young Harvest	Eagles Take it Easy
	Deep Purple - Smoke on the Water	America A Horse With no name
1973	Pink Floyd Time	Eagles Desperado
	MFSB - T.S.O.P. (The Sound of Philadelphia)	The Doobie Brothers - Long Train Running
1974	Genesis - Dancing With The Moonlight Knight	Love Unlimited Orchestra Love's Theme

1974	Carpenters Yesterday once more	Eric Clapton After Midnight
1975	ELO Fire On High	Pink Floyd Wish you were here
	Peter Frampton- Baby I Love Your Way	Bob Dylan Hurricane
1976	Elton John - Don't Go Breaking My Heart	Eagles Hotel California
	Al Stewart - Year of the Cat	Abba Fernando
1977	Supertramp Even in the quietest moments	Billy Joel Just the way you are
	Roberta Kelly Zodiacs	Chicago If You Leave Me now
1978	The Marshall Tucker Band I'll Be Loving You Le Freak	Anna Oxa Un'emozione da poco
	Gerry Rafferty - Baker Street	Dire Straits sultans of swing
1979	Supertramp Goodbye Stranger We are Family	Pink Floyd - another brick in the wall
	Lucio Dalla Cosa Sarà	Michael Jackson Don't Stop'Till You get enough
1980	Fleetwood Mac Sara	Roxy Music Same Old Scene
	The Police - De Do Do Do, De Da Da Da	KC and the Sunshine band Please don't go
1981	The Human League - Don't You Want Me	Stars On 45 - Stars On 45
	Sheena Easton - 9 to 5 (Morning Train)	Dolly Parton 9 to 5
1982	ABC - All Of My Heart	Roxy Music Avalon
	Joe Cocker - up where we belong	Hall-Oates Maneater
1983	The Police - Every Breath You Take	David Bowie - Let's Dance
	Spandau Ballet - True	Tears for Fear The Hurting
1984	U2 The Unforgettable Fire	Tears for Fears Shout
1985	Simple Minds - Don't You (Forget About Me)	Huey Lewis & The News - The Power Of Love
	UB40 - I Got You Babe	Duran Duran a View to a Kill
1986	Peter Gabriel - In Your Eyes	Talk Talk - LIVING IN ANOTHER WORLD
	Peter Gabriel - Sledgehammer	Madonna True Blue

1987	Guns N' Roses - Sweet Child O' Mine	Joe Cocker - Unchain My Heart
	Michael Jackson BAD	U2 With or Without You
1988	U2 - Angel Of Harlem	Johnny Hates Jazz - Shattered Dreams
1989	Fine Young Cannibals - She Drives Me Crazy	Roy Orbison You Got It
1990	Depeche Mode - Enjoy The Silence	Roxette It must have been Love
1991	Bryan Ferry - If There Is Something	Michael Jackson Black or White
1992	Depeche Mode - Walking In My Shoes	Mariah Carey I'll be there
1993	Duran Duran - Come Undone	Vasco Rossi - Stupendo
1994	Mariah Carey - Hero	The Manhattan Transfer - Soul Food To Go
1995	Take a Bow - Madonna.	Michael Jackson Earth Song
1996	Céline Dion - All By Myself	The Cranberries - When You're Gone
1997	Backstreet Boys - Everybody	Elton John - Candle in the Wind 1997
	Savage Garden - Truly Madly Deeply	Puff Daddy I'll be Missing You
1998	Robbie Williams - Millennium	Oasis - All Around The World
	Biagio Antonacci-Quanto tempo e ancora	Madonna Frozen
1999	Shania Twain - You're Still The One	Ricky Martin Livin' la Vida Loca
2000	Sting - Desert Rose	Morcheeba - Rome wasn't built in a day
	U2 - Walk On	Madonna Music
2001	Geri Halliwell - It's Raining Men	Anastacia - Paid My Dues
2002	The Calling - Wherever You Will Go	Avril Lavigne - Complicated
	Tribalistas Ja Sei Namorar	Phil Collins - Can't Stop Loving You
2003	The White Stripes - Seven Nation Army	Beyoncè Crazy in Love
2004	JOHN FOGERTY Sugar Sugar In My Life	U2 - Original Of The Species
	Vasco Rossi - Un Senso	Outkast Hey Ya!

- 113 -

2005	Michael Bublé - Feeling Good	Sheryl Crow - Always On Your Side
2006	Red Hot Chili Peppers - Snow	Daniel Powter Bad Day
2007	Amy Macdonald - This Is The Life	Sognami Biagio Antonacci
	Michael Bublé - Lost	Alicia Keys No One
2008	Coldplay - Viva La Vida	Sweet About Me - Gabriella Cilmi
2009	Bruce Sprengsteen Waitin' On A Sunny Day	Jay- Alicia Keys Empire state of Mind
2010	Shakira - Waka Waka	Ke$ha Tik Tok
2011	James Morrison - I Won't Let You Go	Beyoncé - I Was Here
2012	Nina Zilli - L'Amore È Femmina	The Rolling Stones - Gimme Shelter (live)
2013	Bruno Mars - When I Was Your Man	Daft Punk & Ph.Williams Get Lucky
2014	Ed Sheeran - Thinking Out Loud	Pharrell Williams Happy
2015	Ellie Goulding - Love Me Like You Do	Mark Ronson & Bruno Mars Uptown Funk!
2016	Coldplay - Adventure Of A Lifetime	Alice Merton - No Roots
2017	Ed Sheeran - Perfect Symphony	Portugal. The Man - Feel It Still
	Takagi & Ketra - L'esercito del selfie ft. Lorenzo Fragola,	Luis Fonsi & Daddy Yankee Despacito
2018	Justin Timberlake - Say Something	Tiromancino - Sale, amore e vento
	LP - Girls Go Wild	Maroon 5 Girl Like You
2019	Ligabue - Certe Donne Brillano	Sia - Thunderclouds ft. Diplo, Labrinth
2020	Maroon 5 - Memories	The Weeknd Blinding Lights
2021	Ed Sheeran - Bad Habits	The Weeknd Save Your Tears
2022	Irama - Ovunque Sarai	Camila Cabello Ft. ED Sheeran Bam Bam
	OneRepublic - West Coast	

https://youtube.com/playlist?list=PLm0_5czgeGfad9kIuDyXCdE kRsrxeFhHh Playlist "Potenza della musica"
Canale Youtube: Credazzi

Decenni

Fa una certa impressione osservare questa lista che rappresenta i decenni ... dei quali sei sono "il passato" e uno il presente. Sei sono stati vissuti uno è in corso d'opera, non è un caso dunque che quando mi guardo riflesso allo specchio in bagno pensi:

"M'hanno occupato casa! Chi è questo 'anziano'? A chi appartiene st'involucro?" Mi rendo conto che sono sempre lo stesso, ma intorno le cose sono cambiate, le condizioni di chi mi circonda e anche la mia, sono cambiate. Qual è il fattore di moltiplicazione del tempo dei miei giorni nell'equazione del Tempo, che ho sognato? Alcuni giorni sono moltiplicati per zero, altri per uno, ma molti per infinito, ecco, quelli hanno la traccia che ritroverò, e che darà un senso a quello che oggi un senso non ce l'ha, per riprendere la canzone di Vasco "un senso".

Ho etichettato ogni decennio con una definizione secondo un'ottica a mio parere condivisa, anche perché, mentre lo stavo facendo, ne ho parlato con amici e conoscenti e li ho trovati tutti d'accordo.

Anni '60
La scoperta

Anni '70
La Lotta

Anni '80
Tutto è possibile

Anni '90
La ragnatela si estende

Anni '2000
Doccia Fredda

Anni '2010
Percorso individuale

Anni '2020
Imprevedibile e malfidato

Quando ho deciso di realizzare questa lista non pensavo e che avrei trovato tanta facilità a selezionare delle canzoni per gli anni '60 e '70 e tante difficoltà a selezionare le canzoni degli ultimi decenni, forse sono diventato anziano e nostalgico questo sarà il motivo.

C'era un tempo nel quale ero sempre il più piccolo e più giovane, conosciuto come Giulietto.

Adesso il nome è rimasto lo stesso ma mi rendo conto quando siamo un bel gruppo e siamo presenti in tanti, non sono molti quelli più grandi di me, insomma se non sono il più anziano, poco ci manca.

Queste canzoni che ho selezionato non sono le migliori canzoni di quell'anno in senso assoluto, per una che ho menzionato, ce ne sono dieci che ho tralasciato. Ho dato la priorità all'anno di uscita della canzone, per esempio James Morrison - I Won't Let You Go è uscita nel 2011 ma l'ho scoperta nel 2022 e in quell'anno l'ho ascoltata a ripetizione in tutte le salse, dal vivo, strumentale e in studio. Mentre altre volte come per Penny Lane dei Beatles l'anno di uscita (1966) coincidevano al suo ascolto ripetuto.

Non so te ma per me quando una canzone mi piace particolarmente l'ascolto e la riascolto.

Sono piuttosto le musiche che risvegliano i ricordi, che stimolano i profumi e le sensazioni emotive del tempo. Che poi in definitiva è quello che deve fare la musica.

Questo esercizio è l'unico che consente la ricostruzione con la sequenza verosimile come pure una descrizione ad ampio raggio delle situazioni.

La vita è strana, le cose passate sono poste in luoghi della nostra memoria che, di fatto, sono gli unici che le mantengono in vita, se non ci fossero questi luoghi, il senso della vita svanirebbe nel bene e nel male.

Dopo tutto, quante cose facciamo, quanti sono gli obiettivi ai quali aspiriamo spinti dalle esperienze consce o inconsce depositate nei luoghi della memoria.

Reputo che una persona che abbia piacere nel rielaborare e ripercorrere la propria memoria sia una persona ricca, al contrario, pensiamo a quanto dolore e quanto poco possegga chi ha trascorso molti anni nella sofferenza e nel dolore, privato della gioia di poter chiudere gli occhi e rivivere i tempi passati, spesso non riesce neanche ad avere oggi. (La Playlist concernente questo capitolo si chiama Potenza della Musica del Canale YouTube: Credazzi).

Il mio consiglio è che devi sempre tenere questo libretto a portata di mano e nei momenti di riposo cercare le canzoni su YouTube in base al periodo d'interesse e alle esperienze qui condivise che trovi interessanti.

I primi 10 anni

Le note dei **Beatles di Paperback Writer** accompagnano i giorni in cui il primo di Ottobre 1965 mio padre, prima di andare al lavoro, mi accompagnò alla scuola Elementare "Buenos Aires" che mi avrebbe ospitato per i prossimi cinque anni.

La scuola si chiamava così perché a Buenos Aires in Argentina esisteva una scuola che si chiamava "Roma" almeno così, ci aveva spiegato la maestra.

La scuola raccoglieva i bambini da San Basilio al Tufello poiché al tempo la nostra era, una zona periferica, con poche scuole in pieno "boom" economico, immobiliare e di nascite, infatti, aveva i doppi turni. S'indossava il grembiule col fiocco, i maschi blu e fiocco bianco, le bambine, il contrario.

Fu allora che sentii per la prima volta il termine "zinale" per indicare il grembiule.

Negli anni '60 alle Elementari avevamo gli esami in seconda e quinta classe.

Ricordo che l'atmosfera in classe era piuttosto tesa senza tralasciare anche l'utilizzo di una bacchetta sul palmo della mano aperta, non mi ricordo a proposito di cosa, però un paio di pizze le ho prese.

Anche se gli esami non erano un'impresa impossibile, comunque ci facevano entrare nella mentalità che nella vita c'erano degli esami da superare e bisognava prepararsi, fare il punto della situazione, tutte cose che poi ci sarebbero state utili nel corso della scuola e della vita in generale.

L'ambiente scolastico era molto silenzioso durante le lezioni nei corridoi si parlava sottovoce anche perché rimbombava, a Natale si preparava un magnifico albero di Natale e un grande presepe, l'Atmosfera era bellissima, si faceva proprio un conto alla rovescia per i giorni che mancavano al Natale, anche perché le vacanze erano molto lunghe (circa come oggi).

Quando entrava qualcuno in classe ci alzavamo tutti in piedi, in silenzio e se salutavamo, lo facevamo in coro. L'attenzione verso l'educazione era molto elevata, la "Vigilatrice" seminava il panico, mentre i genitori stavano sempre dalla parte dei maestri, se rimediavamo qualche pizza o scappellotti loro ci davano il resto, di certo non andavano a protestare.

In seconda elementare c'era una ragazza beh diciamo una bambina, mia compagna di classe, che si chiamava Maura e mi piaceva, anche se in fondo ero innamorato di Franca che abitava al piano di sotto di casa mia, beh insomma rubavo le pentoline a mia sorella per regalarle a Maura che apprezzava molto.

Azzurro di Celentano mi porta indietro nel tempo al campeggio "7bello" con mio padre nei pressi di Salto di Fondi, dopo Terracina, mia madre ci aveva terrorizzato con la via Flacca, definita pericolosissima, ricordo ancora il colore "bianco cencio" dei miei familiari, quando attraversai di corsa, da solo, davanti agli occhi di mio fratello e dei miei genitori, avrò avuto cinque anni.

Ma fu in quarta elementare, che mi presi la prima vera cotta per una bambina, che si chiamava Marina, ancora adesso, ricordo nitidamente quanto mi battesse il cuore, quando la incontravo, aveva degli occhi chiari bellissimi e capelli scuri, il mio amore per lei era corrisposto ed era circoscritto a qualche sguardo, qualche sorriso, tenersi per mano qualche minuto e scambiare qualche parola, niente di più, perché lei abitava 'lontano', in realtà erano solo cinquecento metri. A quell'età, quando non puoi frequentarti, anche cento metri sono una distanza infinita. La voce di **Demis Roussos con Rain and tears - Aphrodite's Child** accompagnava quelle giornate, un giorno la madre la portò fino al Vapoforno, dove passavo i pomeriggi a giocare, i ragazzini erano costantemente sorvegliati da alcune mamme che scendevano sotto casa e si mettevano a chiacchierare.

Nel Periodo delle elementari frequentavo due amici coetanei, Bruno e Mario, con i quali costruimmo un fortino alle spalle del Vapoforno, sopra la rampa del garage delle auto Innocenti, in sostanza sfruttavamo la siepe, mettendo dei teli di nylon, avevamo messo dei pavimenti con delle mattonelle avanzate da qualche parte, poiché Montesacro alto in quegli anni era tutto un cantiere.

Ci stavamo comodi dentro, anche quando pioveva, poi c'erano anche gli amici che si potevano definire una banda sulla falsariga dei ragazzi della Via Pál, avevamo tutti il fucile a elastichetto, fatto con gli elastici ricavati dalle camere d'aria delle biciclette, tagliati tutti come degli anellini dei calamari, messi in tensione su un bastone lungo qualche decina di centimetri, si mettevano delle mollette come grilletto e si potevano mettere più elastici, in base al diametro del bastone e a quante mollette entravano vicino al manico dell'impugnatura. Mentre sulla punta c'era un intaglio per agganciare stabilmente l'elastico.

Altri "strumenti da combattimento" erano le cerbottane, tenute insieme con delle mollette di legno per i panni e spago di canapa per unirne più di una ed avere più proiettili (chiamati cartoccetti) e fare l'impugnatura a mo' di mitra.

Inoltre avevamo le pistole ad acqua, su suggerimento di mio fratello avevo spaccato il calcio della pistola che faceva da serbatoio, avevo unito con un tubo della benzina della moto la pistola a una bottiglia di Vetril, che legavo ai pantaloni, così mentre gli altri finivano subito l'acqua, facevo loro la doccia.

Anni '60 La Scoperta:

È il decennio delle novità, dei cambiamenti, delle innovazioni in campo sociale, tecnologico e Musicale.

La seconda guerra mondiale ha lasciato un segno indelebile nell'animo umano, dandogli una spinta creativa unica. Gli anni '60, anche dovuto alla giovane età, sono stati anni magici, tutto era nuovo, sconosciuto, e quindi scoperto di giorno in giorno, l'atmosfera era molto positiva, raramente si sentiva parlare di morte e le famiglie erano molto numerose, avevamo in vita i nonni e bisnonni, gli zii, tutti avevamo dei fratelli o sorelle e i cugini facevano parte della nostra vita, quando si andava al mare o si festeggiava il Natale, eravamo molto numerosi, in spiaggia c'erano decine di persone, ai pranzi della domenica o di Natale sempre decine di persone, la sensazione che percepivo allora, era che tuti aiutavano tutti, collaboravano per il benessere altrui, il ruolo dei nonni era molto importante e autorevole quello che stabilivano loro valeva per tutti, quasi per legge, cosa che nessuno metteva in discussione ciò che stabilivano i nonni.

Sostanzialmente aggregavano tutto il nucleo familiare, non si sentiva parlare di malattie, di inquinamento, di divorzio.

Avevamo scoperto i viaggi in auto, la lavapiatti, enorme, che faceva un rumore bestiale.

Il lavoro non era un problema, qualcuno poteva guadagnare di meno, qualcun altro di più, ma se uno voleva lavorare, trovava subito un'occupazione, penso di non aver mai sentito parlare qualcuno dicesse che non riuscire a trovare lavoro

Certo, abbiamo sentito parlare di guerra talmente tanto che forse erano saturi, in fondo la seconda guerra mondiale era finita da poco, una ventina d'anni, e quella del Vietnam era all'ordine del giorno, con la menzione di tanti Stati strani come Laos, Cambogia, i paralleli, Napalm, tutti i termini che sentivamo dire in TV.

La televisione era in bianco e nero, non c'era il comando a distanza, o meglio, eravamo noi il telecomando, di solito si chiedeva al più piccolo di alzarsi e cambiare canale, tanto ce n'erano solo due, solitamente tutta la famiglia si radunava davanti alla TV e le trasmissioni erano oggetto di conversazione, sia grandi che piccoli, ricordo che con un amico giocavamo sotto casa al prato. Rimanemmo così colpiti con lo sceneggiato del dottor Jekyll e Mr. Hyde, che col piccolo chimico preparammo delle siringhe per fare delle iniezioni alle lucertole ed eravamo convinti che gli occhi diventassero come quelle di Mr. Hyde.

Negli anni '60 si giocava molto per strada, ogni tanto i genitori buttavano un occhio dalla finestra per controllare, inoltre i palazzi avevano sempre i portieri che conoscevano vita, morte e miracoli, di ogni metro di strada di fronte all'entrata del palazzo, facevano anche da infermieri e confidenti, psicologi, guardiani, meccanici, elettricisti, giardinieri, imbianchini e insomma erano il perno attorno al quale ruotavano i nuclei familiari del palazzo.

Il decennio degli anni '60 ha visto ogni famiglia possedere almeno un'automobile, avere una casa, in quanto c'era molta differenza nel numero di occupanti un appartamento con i primi anni 60, rispetto alla fine del decennio, l'edilizia popolare era molto diffusa e risolutiva, le politiche del governo italiano erano molto orientate nel favorire sia l'occupazione che una casa per tutti.

L'attenzione per l'educazione era molto diffusa, i ragazzi erano ripresi costantemente, le persone più grandi d'età erano rispettate, nessuno si sognava mai di rispondere male o con termini inappropriati.

E gli anni '60 terminano con un'esperienza unica e spettacolare: l'uomo sulla Luna, colorata dalla musica di Barry Rayan con Eloise e Lucio Battisti con Acqua azzurra, Acqua chiara, quest'ultima canzone insieme a molte altre di Battisti è diventata un veicolo di comunicazione fra i giovani del tempo e negli anni successivi, cantata in spiaggia, alle feste, nei punti di ritrovo della comitiva, suonare e cantare queste canzoni facevano da collante. Devo dire che mentre selezionavo le canzoni, ho ascoltato decine di canzoni bellissime di Battisti.

Fintanto che si sono prodotti i dischi in vinile a 45 giri, i cosiddetti singoli, ci sono stato on giro i "Jukebox", una canzone se era di successo stava nella lista e ascoltata a ripetizione.

Anni '60

La scoperta

1960 Inaugurazione Aeroporto di Fiumicino, Roma olimpiadi.

1961 Nascono le frecce tricolori, il primo uomo va nello spazio, costruito il muro di Berlino.

1962 I Rolling Stones debuttano Londra, primo collegamento mondovisione, primo film di James Bond, crisi dei missili a Cuba.

1963 Esce il primo album dei Beatles, disastro del Vajont, nasce la macchina sportiva Lamborghini, John Kennedy assassinato a Dallas.

1964 Lancio della Nutella sul mercato, inaugurata l'autostrada del sole, l'Inter vince la coppa dei campioni.

1965 Apre il traforo del Monte Bianco, lancio del giornale Linus, Nino benvenuti campione del mondo, Gimondi vince il tour de France.

1966 Esce Star Trek, alluvione di Firenze, l'Italia esce fuori dei mondiali in Inghilterra.

1967 Primo album dei Doors, il bancomat compare a Londra, introdotto il CAP, Nino Benvenuti è il campione mondiale pesi medi.

1968 Primavera di Praga, 2001 Odissea nello spazio nasce Intel.

1969 L'uomo sulla luna, concerto di Woodstock, primo collegamento remoto fra computer, prime vittime degli anni di piombo, strage di piazza fontana.

Anni '70 La Lotta:

Il decennio caratterizzato dai conflitti mediorientali e del terrorismo Rosso e Nero, delle stragi di Stato e delle ingerenze straniere.

La Politica permea ogni aspetto della Società, i contrasti si sviluppano nelle piazze, negli omicidi, attraverso accordi segreti, l'Italia si rivela essere non Rivoluzionario, come ad esempio la Francia o l'Inghilterra, ma il Paese degli assassini, le stesse BR mirano più ad uccidere, che coinvolgere il popolo in una rivoluzione.

Anche la Musica riflette questa situazione e molti musicisti la usano per far passare le loro ideologie. Il blocco Occidentale è opposto a quello Sovietico arrivando a essere presente nelle scuole, nei gruppi giovanili, le comitive, nelle famiglie.

Facendo un confronto con la situazione attuale, negli ultimi anni, il concetto di comitiva sia sfumato, parlando con dei miei coetanei mi sono reso conto, che allora tutti facevamo lo stesso ragionamento, cioè, tutti andavamo all'appuntamento al punto di ritrovo, perché non volevamo che magari si facesse qualcosa di interessante e noi potessimo restarne fuori.

La comitiva era costituita quasi interamente da ragazzi della stessa età, prevalentemente con lo stesso orientamento politico, con le stesse passioni maschili e femminili, solitamente a livello sportivo, mezzi a motore o bicicletta, in base all'età.

La comitiva era un momento di aggregazione unico, dove di fatto si creava un gruppo, più coeso della famiglia, all'interno del quale esisteva anche una gerarchia e un impulso a difenderlo. Era in questo ambito che si diffondevano anche atteggiamenti violenti, come "chi mena per primo mena due volte", oppure, "mo' je parto de capoccia" o l'abitudine a stare sempre fuori dalla portata di un eventuale calcio, o pugno, era importante non minacciare mai a voce, perché la reazione più diffusa era che l'interlocutore, apparentemente calmo, reagiva direttamente con un'aggressione fisica. Sebbene nei gruppi più politicizzati non era raro sentir parlare di armi o su come si facessero le "Molotov", era molto raro che qualcuno girasse col coltello, come invece si sente dire oggi.

Gli anni '70 sono stati ricchissimi a livello musicale e direi che gli '80 hanno vissuto di rendita su quella produzione.

In questo decennio, caratterizzato da tanta violenza politica, si aveva una concezione della vita più frenetica rispetto agli anni'60

Gli anni 70 sono stati anni con molti conflitti, molti contrasti dal Medioriente con le guerre Arabo-Israeliane, che hanno determinato l'austerity, con le domeniche senza auto che ci hanno consentito di esplorare la città in bicicletta, con frotte di ragazzini, fra l'altro, non capisco perché eravamo tutti fissati col voler andare su una ruota con la bicicletta, all'inizio e poi con il motorino insomma stavamo sempre su una ruota.

Comunque temevamo sempre la polizia, anche perché eravamo piuttosto irrequieti, risale a quel tempo il detto: "marce basse pronti a dasse ".

Gli anni 70 sono stati caratterizzati dagli scontri politici che hanno colpito più o meno tutti gli strati sociali, tutte le fasce d'età e prevalentemente per la popolazione studentesca, non era raro incappare in un posto di blocco, anche perché quelli erano anni in cui erano diffusi i rapimenti a scopo di estorsione

Anche i nuclei familiari erano sotto pressione, si parla molto più spesso di divorzio, di separazione, di aborto e femminismo, la conflittualità era molto accentuata a tutti i livelli, soprattutto nelle scuole a causa delle divergenze politiche.

La politica era costituita più dal sentito dire che da convinzioni procedenti da ragionamenti e strategie per cambiare realmente le cose in meglio ed in favore della popolazione

La musica faceva parte della differenza di posizione tra gruppi disomogenei, raramente a destra si sarebbe potuto sentire Guccini, già era tanto che si ascoltassero De Gregori e Dalla.

Venditti, invece da Romanista, per questo non era proprio simpatico ai laziali. In questi anni non c'erano avversari politici, c'erano solo nemici, si sa che il nemico lo uccidi, con l'avversario giochi a calcio o a tennis.

Non si parlava mai di odio razziale se non nel rievocare le persecuzioni degli ebrei, ma non si parlava mai di odio verso le persone di colore o di diversa nazionalità, c'era già abbastanza odio fra noi, perché si pensasse altro per i negri, o gli stranieri, sì, il termine negro era molto comune e accettato, anche nella canzone dei "Watussi" si parla di "altissimi negri" e nessuno si scandalizzava, nessuno accusava di rubare il lavoro agli italiani.

Erano molto in voga le discoteche, la musica delle Sisters Sledge, Boney M, Donna Summer, Chic, Gloria

Gaynor, Diana Ross, hanno fatto epoca, ancora oggi le loro canzoni fanno ballare migliaia di persone, fanno venire la pelle d'oca a chi le ascolta.

Gli anni '70 sono quelli delle radio private è l'inizio delle prime TV private un mondo con un'atmosfera di novità molto simile a quella degli anni '60.

In questi anni era molto presente nei media di terrorismo mediorientale, e nel quotidiano il terrorismo politico delle brigate rosse, degli attentati sui treni nelle piazze italiane e il terrorismo nero. Gli scontri e la violenza nelle piazze erano all'odine del giorno. Non era raro che si sparasse con le pistole.

Nel nostro quartiere non furono pochi i ragazzi uccisi a colpi di pistola e tutta Roma in quegli anni fu un campo di battaglia, dove anche la droga aveva un ruolo ed era molto diffusa in ambito scolastico e negli ambienti sia di destra che di sinistra che videro molte vittime, dato che gli spacciatori spingevano molto l'eroina, perchè dava assuefazione e dipendenza, quando il drogato andava a "rota" non c'era molta distinzione fra destra e sinistra.

Anni '70

La Lotta

1970 Apollo 13, nasce la teleselezione in Italia, golpe borghese, prima edizione della maratona di New York, il Brasile conquista definitivamente la coppa Rime, nasce 90º minuto.

1971 Primo hard rock caffè nel mondo, Intel lancia il primo microprocessore.

1972 Esce il film "il Padrino" scandalo Watergate Nixon si dimette, attacco terroristico alle olimpiadi di monaco 72.

1973 Prima telefonata da un cellulare portatile, nasce la Sydney opera House, nasce dribbling.

1974 Referendum sul divorzio, strage di piazza della Loggia, attentato dell'italicus, nasce Tmc, in commercio il primo pc di successo, primo scudetto della Lazio.

1975 Fondata la Microsoft, nasce il FAI, finisce la guerra del Vietnam, nasce Gardaland, primi videogiochi domestici.

1976 Nasce la Repubblica, esce Taxi Driver, Eagles pubblicano hotel California, debutto di Benigni in TV, Incidente per Nicky Lauda, l'Italia vince la coppa Davis.

1977 Guerre stellari, nasce Apple II, Moser campione del mondo.

1978 sequestro Moro, Pertini presidente della Repubblica.

1979 Esce sul mercato il Walkman della Sony, esce Apocalypse now, i Pink Floyd pubblicano the Wall, nasce Rai 3, debellato il vaiolo.

- 130 -

Anni '80 Tutto è possibile:

In questo decennio si ha la sensazione che non ci siano progetti irrealizzabili, esistono ampi spazi di manovra e tutti sono talmente impegnati a inseguire i propri obiettivi che non hanno tempo nè voglia di ostacolare quelli altrui.

È infatti facilissimo indebitarsi ed è in questi anni che molti imprenditori dell'IT si arricchiscono alle spalle di IBM, Olivetti, e produttori del "Bianco" (elettrodomestici) caricandosi di miliardi di lire di merce che poi sistematicamente non pagano, i cosiddetti "Botti", anche a spese delle banche.

Tutte pratiche che poi renderanno asfittici, dal punto di vista finanziario gli anni '90. Siamo ai massimi regimi di quel sistema che poi si rivelerà essere "Tangentopoli".

Grazie alla corruzione ed alle tangenti l'economia vola, non è importante per cosa si spende, purché si spenda al fine di lucrarci sopra.

Il debito Pubblico Italiano spicca il volo verso mete irraggiungibili.

In questo decennio si afferma il Virus dell'AIDS, che nonostante si siano trovate delle cure efficaci, si è scoperto che non essendo conveniente per le case farmaceutiche produrli, sono stati accantonati per favorire quelli che cronicizzano la malattia.

È nell'85 che si svolge il mega concerto fra Londra e Philadelphia Live-Aid, per dare sollievo alle popolazioni del corno d'Africa afflitte dalla carestia, reputata la più grande trasmissione TV di tutti i tempi con due miliardi di spettatori per centocinquanta paesi.

Negli anni '80 la musica degli U2 con "Unforgettable Fire", Peter Gabriel ex Genesis ora come solista con "Sledghammer" e "In your Eyes", Simple Minds con "Don't You Forget about me", i Duran Duran e Spandau, i Queen, Depeche Mode e molti altri erano il cuscino sul quale scorreva veloce la mia Moto Honda 600 XLR.

Ho trovato un appunto dell'epoca:

La ruota dentata distava appena un metro dal bordo del precipizio, seduto sulla moto, lo sguardo fisso verso l'orizzonte, affascinato dalla maestà del rosso del sole al tramonto, il fascio di luce sull'immenso altopiano rendeva l'atmosfera quasi surreale, eppure era la realtà meravigliosa di esistere sulla terra.

L'altopiano anatolico (Turchia) d'estate emana un odore e un calore che penetra fin dentro le viscere dell'uomo mediterraneo, nei polmoni entra aria piena di storia, conferma silenziosa del passato.

Sono "ormai" venticinque anni che dura la mia permanenza sulla terra, c'è qualcosa che so che devo cercare, che mi spinge ad andare oltre, non so cosa sia, ma so che quando la troverò la riconoscerò.

Le zone dell'entroterra sono poco trafficate e la temperatura sfiora i quaranta gradi, il cielo terso e azzurro chiaro racconta l'infinito e rivela l'universo.

La moto di grossa cilindrata sfreccia sulla strada statale turca come se volesse raggiungere in fretta la meta, ma non c'è meta, non c'è obiettivo vero, solo la ricerca di fondo di un passaggio, un sentiero che possa portare a trovare una risposta a quello che cerco.

Un quarto di secolo è passato, il quarto migliore se n'è andato, se altri quarti ci saranno, non c'è nulla che faccia pensare che portino qualcosa in più di quanto già visto fino ad ora.

Gli anni '80 sono stati gli anni del "posso fare qualsiasi cosa" personalmente sono entrato nella Folgore ho conosciuto l'ebrezza dei lanci, l'Inghilterra e la lingua inglese, lavoravo all'estero in banca, i viaggi in moto, in nave, poi tornato in Italia, lavorare poco e guadagnare tanto, il matrimonio e la conversione a Cristo, con l'economia che girava a mille, i viaggi con la R5 piena di bagagli e cinque occupanti, la musica a palla dei Roxy Music, i Police e David Bowie che ci tenevano compagnia, gli Human League, i Culture Club, Allison Moyet, Eurythmics, Tears for Fears.

Anche questo decennio vide numerosi attentati con le stragi e il terrorismo politico, esplose la mania di giocare in borsa, gente di ogni tipo ed estrazione sociale, di ogni età che si dilettava nel giocare con la finanza, che per un periodo consentì di diventare ricchi a tante persone che neanche sapevano di che cosa si trattasse, come la famosa segretaria di Tiscali con una manciata di azioni si trasformò da 'povera' a ricca.

Un decennio folgorante dal ritmo frenetico, nel quale la diffidenza era un elemento trascurabile e le persone non si chiedevano quale lavoro avrebbe riservato il futuro, ma si applicavano a scegliere quale percorso intraprendere.

La musica era ricca e variegata e la diffusione dei grandi concerti per dimensione e frequenza, ricordo Spandau Ballet, Duran Duran, con dischi notevoli dei Pink Floyd nonostante le dispute intestine.

Hit Parade LP del 1980:

1) Lucio Dalla con "Dalla":
2) Pink Floyd con "The wall";
3) Edoardo Bennato con "Sono solo canzonette";
4) The Police con "Zenyatta mondatta";
5) Lucio Battisti con "Una giornata uggiosa";
6) Renato Zero con "Tregua";
7) Francesco De Gregori con "Viva l'Italia";
8) Bob Marley con "Urprising";
9) Mina con "Attila";
10) Stewie Wonder con "Hotter thanJuly";
11) Pino Daniele con "Nero a metá";
12) Genesis con "Duke";
13) Rolling Stones con "Emotional rescue";
14) New Trolls con "New Trolls";
15) Keith Emerson con "Inferno";
16) Ivano Fossati con "La mia banda suona il rock";
17) Electric Light Orchestra con "Xanadu";
18) Roberto Vecchioni con "Robinson";
19) Madness con "Absolytely";
20) Paul Mc Cartney con "PMC II";
21) Queen con "The game";
22) George Benson con " Give me the night";
23) Bib Dylan con "Saved";
24) Neil Young con "Hawks & doves";
25) Ivan Graziani con "Viaggi e intemperie";
26) Ron con "Una cittá per cantare";
27) Pooh con "Hurricane";
28) Donna Summer con "On the radio";
29) Enzo Jannacci con "Ci vuole orecchio";
30) PFM con "Suonare suonare".

Anni '80

Tutto è possibile

1980 Nasce la CNN, pubblicato gioco pacman, strage di Ustica, strage della stazione di Bologna, terremoto in Irpinia, fine dei Led Zeppelin, olimpiadi di Mosca.

1981 Tragedia di Vermicino, prima puntata di Quark, esce indiana Jones, nasce MTV, IBM lancia il primo pc.

1982 La mafia uccide dalla chiesa, in negozio escono i CD, Italia campione del mondo ai mondali in Spagna, si iniziano a usare le emoticon.

1983 Escono gli orologi Swatch, primo cellulare in commercio, caso Tortora, scomparsa di Emanuela Orlandi, nasce la consolle Nintendo, primi virus informatici.

1984 Esce il primo Macintosh nasce tetris e c'era una volta in America.

1985 Registrata we are the World, Ritorno al futuro, concerto Live Aid, super Mario bros, sequestro dell'Achille Lauro, esce la prima versione di Microsoft Windows, strage dell'Hysel, Verona campione d'Italia, Juventus vince la Champions e la coppa interna continentale

1986 Maxi processo di Palermo, Chernobyl.

1987 Prima TV dei Simpson, lancio del telefono azzurro, alluvione in Valtellina.

1988 Inaugurato il tunnel sottomarino più lungo del mondo in Giappone, striscia la notizia. Istituita l'ASI Agenzia Spaziale Italiana.

1989 Nasce il Gameboy, proteste di piazza Tienanmen, cade il muro di Berlino, il Napoli vince la coppa Uefa.

Anni '90 La ragnatela si estende:

La tecnologia si espande a dismisura occupando ogni sorta di spazio lasciato libero dagli oligarchi politico-economici del mondo, la stessa Cina per non collassare e diventare un'altra "tessera" del dispotismo che le società Hi-Tech stanno impiantando nel mondo, deve sviluppare la produzione tecnologica carpendo la conoscenza necessaria a colmare la distanza con la parte di mondo più avanzata, aprendosi alla costruzione degli impianti e delle loro fabbriche a prezzi convenienti.

Il potere economico derivante dal connubio dei colossi Hi-Tech e il mondo della finanza, che si è accorta che se il denaro lo si fa circolare velocemente, genera altro denaro. Tanto che le banche non assumono più laureati in economia, ma in Matematica.

Certo i soldi non devono circolare nell'economia reale, altrimenti il rapporto otto virgola cinque a uno fra valore della finanza contro l'economia reale si disintegra.

Per ogni pomodoro reale sul mercato c'è il valore di otto pomodori e mezzo nei terminali delle grandi banche e brokers mondiali.

Il sistema finanziario presta soldi virtuali all'economia reale che deve restituire soldi frutto di fatica vera, non virtuale.

Il potere politico sempre più dipendente dai finanziamenti delle lobbies perde il controllo del potere che passa alle multinazionali e alla finanza.

La prima guerra nel Golfo mette sottosopra l'economia mondiale, contemporaneamente, l'esplosione di Internet introduce una sorta di euforia telematica, in questo dcennio sono le musiche di Madonna, Ricky Martin, Depeche Mode, Celine Dion, Michael Bublè

Anni '90

La ragnatela si estende

1990 Prima guerra del Golfo delitto di via Poma, unione delle due Germanie.

1991 Ultimo album dei Queen disastro Moby Prince esplode Internet golpe in Urss Sampdoria vince lo scudetto

1992 Scoppia Tangentopoli, strage di Capaci, Troia di via d'Amelio scoppia la moda del karaoke, IBM presenta il primo smartphone primo SMS.

1993 Nasce la UE, esce Jurassic Park, nasce il David Letterman show.

1994 Nasce Linux, inaugurato il tunnel della manica, nasce emergency, esce Forrest Gump, il sette bello campione del mondo, Roma ospita i mondiali di nuoto.

1995 Finisce la guerra in Jugoslavia.

1996 Nasce la pecora Dolly, inizia un posto al sole, la Juve vince la coppa intercontinentale.

1997 Esce il primo Harry Potter, terremoto in Umbria e nel Marche, muore lady Diana.

1998 Strage del Cermis, alluvione di Sarno e Quindici, fondazione di Google, la Lazio vince la Coppa Italia, finalisti in coppa Davis.

1999 Esce Matrix, Microsoft pubblica Messenger, sette rosa vince i campionati d'Europa.

Anni '2000 Doccia fredda:

L'Occidente grazie alla tecnologia pensa di essere padrone del mondo e di aver conquistato il conquistabile, anche i nemici e gli avversari dipendono dalla loro tecnologia. L'attacco alle torri gemelle a New York arriva come una violenta doccia fredda dando una forte sterzata negativa alla vita mondiale. La libertà di movimento viene ridotta sensibilmente ea vengono introdotte leggi speciali limitanti la libertà individuale, accettate di buon grado dalla popolazione di tutto il mondo. Vengono introdotti concetti demenziali come la "guerra preventiva". Hanno messo di fronte all'umanità una realtà fittizia, riguardo al terrorismo, per l'inserimento di dispositivi antiterrorismo, di controllo della popolazione, che di fatto hanno fatto dimenticare la libertà e la dinamicità di cui si disponeva nei decenni precedenti.

Probabilmente è in questa decade che è alla base per strutturare le organizzazioni terroristiche attive nel decennio successivo.

Il valore del lavoro dell'uomo viene via via sminuito sacrificandolo sull'altare dei profitti tanto che una multinazionale che licenzia il suo personale vede i suoi titoli azionari schizzare in borsa negli anni 2000 se si vuole sentire buona musica bisogna andare a pescare nei decenni precedenti .

Gli anni 2000 vedono l'abolizione del servizio militare obbligatorio esponendo la popolazione ad una maggiore vulnerabilità i ragazzi con la leva avevano un'occasione di crescita unica, se fatto a modo apriva gli occhi riguardo alla patria al concetto di nazione.

La seconda guerra del golfo del 2003 scombussola non poco il mondo.

L'introduzione dell'€uro è una vera rivoluzione, ma trasforma gli italiani da benestanti in poveracci, un lavoratore che si porta a casa tre milioni al mese è un signore, può permettersi comodamente una vacanza estiva in Sardegna con tutta la famiglia, con millecinquecento €uro non arriva a fine mese.

In questo decennio si realizza quanto predetto da Bill Gates nel 1975: "Nel futuro vedo un computer su ogni scrivania e uno in ogni casa".

Anni '2000

Doccia Fredda

2000 Disastro del Concorde, l'Italia in finale euro 2000.

2001 Inizia l'era di Wikipedia, aprono due Apple Store, G8 di Genova, attentato alle torri gemelle, nasce l'iPod, Microsoft lancia la Xbox, il sette rosa campione del mondo.

2002 €uro entra in circolazione, crolla la scuola di San Giuliano, inizia Ballarò, Ital volley femminile Italia campione del mondo, Brasile campione del mondo di calcio.

2003 Nascita di sky, strage di Nassiriya, finale coppa Davis 2003.

2004 Nascita di Facebook, uscita di Firefox, Indonesia tsunami.

2005 Nasce YouTube, abolizione della Leva obbligatoria, attentato terroristico a Londra, Google acquisisce Android, uragano Katrina New Orleans.

2006 Nasce Twitter, fondazione di WikiLeaks, vittoria mondiali di calcio del 2006

2007 Steve Jobs presenta l'iPhone, lancio di Apple sul mercato di iPhone, incendio Thyssen Group, la Ferrari vince il mondiale.

2008 Fallimento Lehman Brothers, Google lancia Android, Obama presidente.

2009 Terremoto dell'Aquila, disastro ferroviario di Viareggio, esce Avatar.

Anni '2010 Percorso individuale:

E questi anni li definirei gli anni dell'egoismo, in questo decennio crescono a dismisura le grandi aziende IT creando dei Monopoli ognuno nel proprio settore, per comprendere quanto grandi sono queste aziende, basta considerare che la capitalizzazione di una sola azienda vale quanto tutta la Borsa di Milano.

La caratteristica dei Monopòli è che all'inizio quando si trovano nella fase di eliminazione degli avversari sono fortemente competitive, ma poi quando raggiunto lo scopo di dominare il mercato fanno il bello il cattivo tempo monopolizzando ogni aspetto del loro settore

Operare in una situazione di monopolio tarpa le ali proprio all'inizio di un'attività concorrente, impedisce lo sviluppo di nuove aziende anche se più innovative.

La tendenza globale è quella di controllare ogni aspetto da quello finanziario a quello commerciale e quindi quello politico. Pertanto la finanza e le multinazionali condizionano la politica per fare le cose che agevolano il progetto globale del mondo finanziario, il quale è riuscito in questo decennio a portare a compimento il proprio progetto di essere troppo grande perché falliscano, avendo sacrificato la Lehman Brothers i colossi della finanza che sono sopravvissuti, hanno mano libera per operare a proprio talento.

Nel decennio del 2010 si pagano le conseguenze della grande crisi iniziata nel 2006 che ha avuto il suo apice nel 2009 nonostante ciò, i grossi della finanza hanno incrementato il proprio patrimonio a dismisura, mentre la ricchezza dei singoli diminuisce sempre di più.

Anche la musica di questo decennio riflette lo stato d'animo della popolazione mondiale, la produzione internazionale è indirizzata per lo più verso la Musica dance, commerciale e discoteca, anche se non è confrontabile con la music "Disco" degli anni '70 che si sviluppava in parallelo a gruppi come Pink Floyd, Led Zeppelin, Rolling Stones e tutti quelli già menzionati.

Potremmo anche definire questo decennio, quello dell'ingordigia, ovviamente senza scrupoli, assistiamo alla riduzione del personale, nelle banche, il personale viene sostituita dai bancomat, i call center decentrano all'estero.

Anni '2010

Percorso individuale

2010 Terremoto di Haiti, primavera araba.

2011 disastro di Fukushima, inizia l'era di Google Plus, Amazon lancia il tablet.

2012 Naufragio concordia, finisce il calendario Maya ma non succede niente.

2013 Dimissioni Benedetto XVI, elezioni Bergoglio Papa Francesco, muore Margareth Thatcer, colpo di stato Egitto, muore Nelson Mandela.

2014 Rivoluzione Ucraina, Juan Carlos abdica, abbattuto volo Malaysia Airlines 17 - 298 morti.

2015 Attacco terroristico Parigi Charlie Hebdo, Mattarella Presidente, Attentato terroristico Tunisi, Expo Milano, attentati di Susa e Kuwait city 38 e 27 morti, attentato a parigi - 130 morti 352 feriti.

2016 Attentato Bruxelles 35 morti 316 feriti,strage di Orlando USA 50 morti 53 feriti, referendum UK vince la Brexit, attacco terroristico a Nizza, tentativo di golpe in Turchia, strage di Monaco di Baviera, forte terremoto Lazio, Umbria, Marche, Trump eletto presidente.

2017 Attentato a Istanbul, attentato a Londra, Macron Presidente in Francia, attentato Manchester, attentato Barcellona.

2018 Movimento 5 stelle primo partito, incendio Grecia, sonda InSight atterra su Marte.

2019 Incendio Notre Dame, attentato Colombo Sri Lanka, primo caso COVID a Wuhan Cina.

Anni '2020 Imprevedibile, malfidato:

Sono gli anni della diffidenza si consolida l'abitudine alla falsità e la pratica dell'utilizzo delle fake news è quasi un'abitudine, così come le frodi informatiche si moltiplicano, grazie allo sviluppo irresistibile di Internet e la volontà di abolire il contante. L asciare il contante, delega al sistema bancario, la gestione della circolarità del denaro. Il che significa; " 100 di carta dopo 100 passaggi di mano, restano 100 €uro, possono cambiare di mano anche 100 volte in un giorno, se invece passano di mano con il sistema elettronico, minimo ci vogliono 100 giorni, poi, con una commissione dell'1%, dopo 100 operazioni, sono passati da circolante, al sistema creditizio.

Si introducono sistemi di sicurezza a 2/3 livelli per l'accesso ai conti, alle Email, ai social a e anche grazie al COVID 19 cresce la diffidenza e diminuisce la familiarità del contatto fisico con le altre persone.

Un tempo le massaie ricevevano lo stipendio dal marito, facevano i mazzetti di banconote; questo era per l'affitto, questo per le bollette, questo per la spesa e questo da parte, non si sa mai. Adesso invece ho visto una mia cliente che le hanno rubato sedici mila euro col bancomat e non ha tratto un ragno dal buco con la banca, ha perso i soldi, punto.

Un elemento che si diffonde a macchia d'olio è la paura, un sentimento che in certe condizioni, in certe circostanze a certi livelli, può salvarti la vita, ma se prende il controllo dei pensieri e del modo di agire diventa imprevedibile e causa danni gravi.

La paura nasce dall'insicurezza, dall'incertezza del futuro e di quello che stiamo vivendo, sostanzialmente temiamo di perdere ciò che abbiamo, dimenticando la dimensione spirituale, che garantirebbe la sicurezza esistenziale, in sostanza stiamo tagliando dall'albero il ramo sul quale si è seduti.

Quando ero giovane mi facevo beffe della paura come se avessi la sensazione di essere immortale, correvo con la moto, correvo con la macchina, saltavo dalle torri, dalle rocce e dagli aeroplani, la paura era l'ultimo dei problemi

Adesso le persone sono diffidenti talvolta traspare la cattiveria, ho assistito al supermercato a scene raccapriccianti, riguardo a persone che non indossavano correttamente la mascherina.

È il concetto di morte tua, vita mia, che sta affiorando con prepotenza. Anche il concetto del godere adesso quello che ho, perché domani non so.

Il che per certi versi potrebbe anche essere condivisibile ma non può diventare metodo di vita.

Attraverso la paura è possibile condizionare la società, due elementi sono perfetti per fare dei provvedimenti straordinari, difficili da contraddire: "le epidemie come abbiamo visto col COVID e le guerre".

Tutti basati sulla paura. Più aumenta la paura più è facile addomesticare la Società.

I testi delle canzoni che prendono piede in questo decennio sono cariche di parolacce, insulti alle forze dell'ordine, violenza verbale, più uno la spara grossa, più ha successo, aumenta i suoi "followers".

Anni '2020

Imprevedibile e malfidato

2020 Epidemia COVID-19, inizia la BREXIT, Joe Biden Presidente USA, inizio vaccinazioni COVID-19 nella UE.

2021 Italia vince campionato europeo di calcio, i Talebani conquistano Kabul, Expo 2020 Dubai,

2022 Eruzione vulcano Tonga, invasione Russa dell'Ucraina, muore la Regina Elisabetta, successore Carlo III.

Le mie TOP

Nell'arte non esiste un criterio assoluto per definire le migliori, queste canzoni le ascoltai, le ho ascoltate , le ascolto e le ascolterò se il Signore mi accorderà altro tempo di permanenza in questo luogo. Quando hai un patologia come la mia, la MdP (malattia di Parkinson) nei momenti "off" in cui sperimenti il freezing, senti la morte passarti vicino come una brezza marina quando ti trovi in cima a un promontorio all'imbrunire.

Poi rifletti sul fatto che ti rallegri ad essere entrato e uscito correttamente da cerchi colorati appoggiati per terra e la mente ti riporta all'uscita coordinata con gli altri del plotone, con lo zaino in spalla, le armi in pugno, mentre l'elicottero con le due pale che continuano a girare, con il loro rumore assordante, si tiene a pochi centimetri dal suolo pronto a decollare via.

Tu sei lo stesso, ma il corpo no.

Bene, queste piccole liste servono a condividere delle canzoni e dei Film che ben rappresentano un'epoca e loro stesse. Ognuna ha uno stile, delle caratteristiche uniche, che si rinnovano ogni volta che si ascoltano.

I film musicali risiedono in un luogo, se possibile, ancora più profondo delle sole canzoni, riprodurre le immagini insieme alla musica è un esercizio che trasporta indietro nel tempo, se allora l'hai vissuto intensamente ed in modo prolungato, la sensazione è fenomenale, la mente ti ripropone in modo fedele le sfumature delle note.

11 canzoni straniere

- One U2
- Original of the species U2
- Time Pink Floyd
- Sledgehammer Peter Gabriel
- Outlaw Man Eagles
- If there's something Roxy Music
- A train leaves here tomorrow Eagles
- Comfortably numb Bowie Gilmour
- Slave to love Roxy Music
- Tank Emerson Lake & Palmer
- Sara Fleetwood Mac

10 canzoni italiane

- Se Telefonando Mina
- Il mondo Jimmy Fontana
- La donna cannone De Gregori
- Strada facendo Baglioni
- Quando Finisce un amore Cocciante
- Sognami Biagio Antonacci
- Una Storia Importante Eros Ramazzotti
- Cu'mmè Murolo Martini
- Vento nel Vento Battisti (collina dei ciliegi)
- Senza parole Vasco Rossi

10 Film musicali

Jesus Christ Superstar

Hair

Tommy

West side story

Fame

Flashdance

Grease

Saurday Night Fever

Rocky horror picture show

Phantom of the paradise

Sommario

Prefazione VII

Introduzione ....- 1 -

La Potenza della Musica ....- 3 -

Musica..- 5 -

Lettera di Musica ....- 7 -

Don't be sad Lettera di Bea ....- 9 -

Le note ....- 11 -

Anni '60 ....- 12 -

Mia Madre..- 15 -

Compilation ....- 16 -

la guerra nel Vietnam ....- 17 -

La battaglia di Dien Bien Phu ....- 20 -

Sulla Luna ....- 26 -

La Comitiva...- 28 -

♫ "Time" ....- 31 -

Il sogno...- 32 -

Il percorso delle note ....- 33 -

Il grande palcoscenico ....- 42 -

Roma Capoccia di Antonello Venditti...................- 46 -

BIG CHILL...- 47 -

♫ Walk on ....- 48 -

"il mio canto libero" anni '70 ....- 49 -

"Hotel California" degli Eagles, ...- 52 -

Point Blank ....- 56 -

Cosa Sarà di Lucio Dalla. ....- 59 -

♫ Cosa sarebbero le canzoni...............- 61 -

"Sledgehammer" di Peter Gabriel 1988, ...- 62 -

Pamukkale.......................................- 68 -

La Storia ....- 72 -

♫ "Already gone" ....- 75 -

♫ "Sometimes it snows in April" ....- 77 -

♫ "Crazy love".................................- 78 -

♫ "Strada facendo" ....- 79 -

♫ "Father and son" ....- 80 -

♫"Aerosmith" ....- 81 -

♫"Pink Floyd"...................................- 82 -

Vita apparente ....- 83 -

Colonna Sonora ....- 87 -

Original of the species ....- 90 -

♫ Original of the species...................- 91 -

The End Is not as fun as the start ....- 92 -

Eagles ....- 94 -

♫ Take it Easy.................................- 95 -

♫ Peaceful Easy Feeling ....- 96 -

Mi tiene compagnia.........................- 97 -

Uragano ....- 98 -

- 153 -

Radio ....- 100 -

Si parla di … ....- 106 -

Canzoni significative per Anno ....- 111 -

Decenni ....- 115 -

Anni '60 La Scoperta: ....- 122 -

Anni '70 La Lotta:...- 126 -

Anni '80 Tutto è possibile: ....- 131 -

Anni '90 La ragnatela si estende:....................- 137 -

Anni '2000 Doccia fredda: ....- 140 -

Anni '2010 Percorso individuale:.....................- 143 -

Anni '2020 Imprevedibile, malfidato:...............- 146 -

Le mie TOP ....- 149 -

Sommario ....- 152 -

Libri di Giulio Credazzi ....- 155 -

Libri di Giulio Credazzi

100 Pages
100 Pagine
Amico silenzioso
Il Piano di Dio
Nero su Bianco
Distillato d'amore
Oltre il confine della stupidità fiscale italiana
Profezie della Bibbia, i rami teneri hanno le foglie
The Plan of God
Il Giro di Boa
Soluzioni di rete
Gli Zollari
Da Quota 33 a El Alamein
Dal calendario Maya 2012 ad Armagheddon

Gira la Chiave

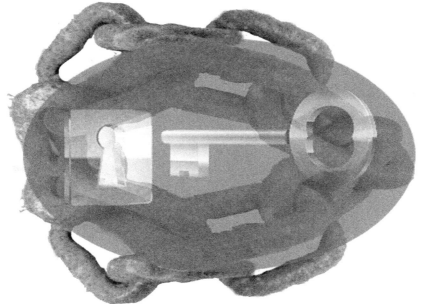

Viviamo la nostra vita in catene senza sapere di avere la chiave

we live our lives in chains and we never even know we have the key
Eagles Alrady Gone

Giulio Credazzi

Note:

Note:

Note:

Proprietà letteraria riservata
©2022 di Giulio Credazzi

Realizzazione editoriale: Giulio Credazzi
Stampato in proprio

Printed in Great Britain
by Amazon